重读先哲

Kant

康德

◎ 李海峰 / 著

長春出版社
全国百佳图书出版单位

图书在版编目（CIP）数据

康德／李海峰著．—长春：长春出版社，2013.1
（重读先哲）
ISBN 978－7－5445－2663－0

Ⅰ．①康…　Ⅱ．①李…　Ⅲ．①康德，
I.（1724～1804）—哲学思想—研究　Ⅳ．①B516.31

中国版本图书馆 CIP 数据核字（2012）第 274040 号

康　德

著　　者：李海峰
责任编辑：张中良　孙振波
封面设计：王国擎

出版发行：長春出版社　　总编室电话:0431－88563443
发行部电话:0431－88561180　　邮购零售电话:0431－88561177
地　　址：吉林省长春市建设街 1377 号
邮　　编：130061
网　　址：www. cccbs. net
制　　版：吉林省久慧文化有限公司
印　　刷：延边新华印刷有限公司
经　　销：新华书店

开　　本：787 毫米×1092 毫米　1/16
字　　数：150 千字
印　　张：12. 25
版　　次：2013 年 1 月第 1 版
印　　次：2013 年 1 月第 1 次印刷
定　　价：22. 80 元

康德

康德像

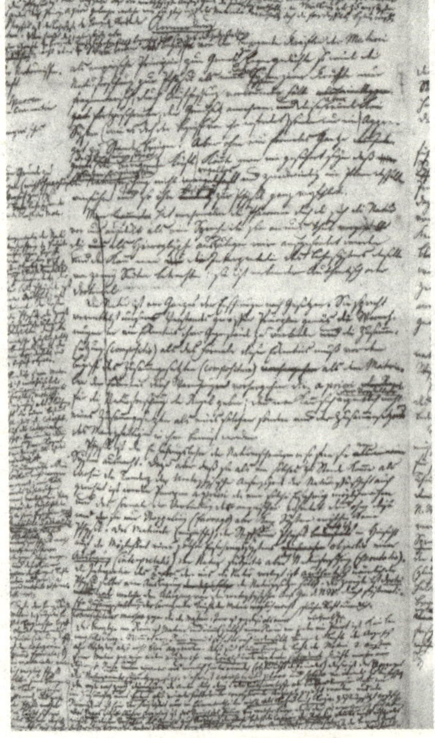

康德手稿

IMMANUEL KANT

康德像

总 序

这套《重读先哲》丛书的策划是基于以下这样一种考虑：

改革开放前，我国思想领域由于受意识形态的极“左”影响，人们对西方哲学的理解存在很大的曲解，具体表现在两个方面。第一，泛政治化，把哲学当作思想改造和塑造的工具，扭曲了对哲学的正确理解，僵化了人的思想；第二，马克思主义教科书的庸俗化。我国改革开放前的哲学教育，其基本理论来源于苏联斯大林时期的教科书体系，由于它对马克思主义哲学的理解庸俗到了常识化的水平，在它的批判改造下，整个西方哲学体系丧失了本来面目。

改革开放初，以李泽厚、高清海为代表的老一代学者，以一个哲学家应有的品格和巨大的理论勇气，率先对斯大林时期的哲学教科书进行了反思性的批判。尽管其间经历了人生的曲折，但却恢复了马克思主义哲学的本来面目，开启了中国当代哲学改革的历程。经过了30多年的哲学改革历程，特别是全球化运动的推动，我国哲学事业有了巨大的发展，具体表现在三个方面：(1) 对过往的传统经典哲学给予了重新的还原性理解；(2) 引进并消化了很多西方现代哲学的最新思想；(3) 开创了具有现代性和全球性的哲学视野。

但是，由于哲学具有专业性和抽象性的特点，致使哲学的这种发展主要还局限于学术领域，哲学普及进展缓慢，大众思想仍徘徊在思想转换的过渡阶段，不能很好地理解西方思想的进展和内涵，跟不上中国现代化和具有中国特色市场经济发展的需要，思想的进展落后于改革的进程。

现代化发端于西方，因此中国的现代化也毫无例外地包含如何理解和借鉴西方文明的问题。因此，继承中国传统文化与西方文明的辉煌成就，特别是借鉴西方启蒙运动以来的现代思想文化成就，是中国步入现代化发展的必经之路。

在中国，由于秦代以后哲学的意识形态化，使得中国哲学逐渐走上了以儒家人伦社会哲学为核心的显学道路，而以自然真理为追求目标的道家哲学逐渐式微为啸傲山林的隐学。而在西方，古代哲学以自然哲学为核心，罗马时代以人学为核心，中世纪以宗教哲学为核心，近代哲学以认识论为核心，现代哲学以语言学为核心，一直是以科学为基础，走的是理性分析的路线。正是由于我们缺失了这种切身的知识背景和学术传统，才导致了我们对西方哲学备感抽象。

作为中国人，探讨西方哲学家生平与思想需要有以下四方面的能力：(1) 能在世界性、国家性与地方性三个背景下，研究哲学家的思想发展及其思想对社会的影响；(2) 能从哲学家的生平、信件、教学、亲近的人的回忆，甚至与友人的交游不经意间透露的讯息中拼凑出其完整而生动的画面；(3) 能解析哲学家作品的深刻思想；(4) 能用流畅的文笔把哲学家的思想清晰而生动地表现出来。虽然要想做到通俗地表达哲学思想很难，但这却是本套丛书写作中不得不克服的困难，否则本套丛书不仅失去了意义，还会将哲学变得庸俗，亵渎哲人，误导读者。

正因为如此，到目前为止，比较理想的哲学家传记研究只能是把哲学与历史结合起来，把哲学家的生活故事与其作品的哲学意义整合起来。即便这样，这种研究确实有其独到的意义，它可以让我们具体而生动地理解哲学家的思想与时代现状及其发展的关系。正是在这种意义上，黑格尔把哲学家与历史的关系描述为：哲学是以个人经历述说着的人类历史，哲学也是以人类的名义述说着的个人故事。

正是在这种理论背景下，笔者于1995年开始对经典理论进行了长期的系统性研究，并在博士生培养过程中进行重点的专题性研究。也正是在这种多年研究的基础上，我们策划了这套《重读先哲》丛书，力求达到全面而真实地展现西方哲学的本来面目及思想内涵，以促进我们思想的现代化，力求从思想上理解我们的过去和现在，看清我们的未来。

本丛书人物的选择标准是：(1) 具有典型性。选择具有开创性、转折性和集大成性的哲学家，突出代表性的思想。(2) 体现整体性。选择具有代表不同发展阶段的哲学家，以便体现西方哲学古往今来的系统性。本丛书在写作上力求达到：(1) 理论解析深入浅出。(2) 文字写作通俗易懂。(3) 专业人士和业余爱好者雅俗共赏。然而这种看似降低标准的通俗化研究，实际上却是更加难做的工作。这就像德国哲学家沃尔夫说的那样：撰写哲学家传记是件极其困难甚至不可能完成的工作，因为它要求必须在生动表现生活细节与讨论哲学作品深刻思想之间求取一个平衡，既不能因忽视深刻的哲学内涵，肤浅地叙述哲学家的故事而显得平庸，也不能太强调哲学的专业化术语，否则会因思想的抽象及深邃而令人感到厌烦。另外，哲学家的生活也大多没有什么精彩的故事，其精彩的部分只能在他们的思想中进行领略。

本丛书第一批出版八部，之所以能如约完成，不仅得力于我近20年的经典基础哲学理论研究，还得力于近几年学术项目的拉动与支持，他们分别是：

吉林省社会科学基金项目《现代自然主义哲学研究》（项目编号2011B029)，著作成果是：

李海峰的《康德》；

宋海勇的《尼采》；

王现伟的《胡塞尔》；

李海峰的《海德格尔》；

于珺的《皮亚杰》。

吉林省教育科学重点项目《自然辩证法理论创新与教学改革研究》(ZC0100)，著作成果是：

李海峰的《维特根斯坦》。

吉林大学（2011）种子基金项目《美国当代自然主义哲学研究》(教育部初选通过)，前期基础性研究成果是：

程海东的《亚里士多德》和《苏格拉底》。

在此，向在写作过程中付出辛勤劳动的诸位同仁表示感谢。学无止境，由于作者才疏学浅，书中错误在所难免，欢迎读者批评指正。

李海峰

2012年10月9日

前 言

康德作为近代哲学的集大成者，有人说，不了解康德，就无法理解现代哲学，事实也确是如此。拉尔夫·沃克曾说："每一个列举大哲学家的名单里都必须包括康德，他对哲学思考的影响……无远弗届，而他的作品直到今天仍然非常重要，因为他面对的是哲学家们最根本的问题，并且以前无古人后无来者的清晰方式去解决它"，因此直到今天，凡是严肃面对哲学的人，"不是继续发展康德的哲学，就是增补它"。

笔者自从进入哲学系以来，兴趣一直保持在对西方经典理论的钻研，对于康德哲学是越钻研越觉得有新意并越加喜欢，因此学习期间曾想以"康德的科学哲学思想研究"作为硕士论文，但因那个时代学科理解的差异而没能如愿。但当今天写作康德的机会来到跟前的喜悦之余，我却发现想全面了解康德很难。因为康德作为一个学者，一生居住在普鲁士偏僻的一隅——哥尼斯堡，不曾有过多姿的人生经历，更没有惊险的人生旅程，其人生精彩的部分大多在他的"思想"里，而他的哲学著作连学院派都公认为深奥且缜密，以至于很难介绍给普通的读者，况且康德本身又谨遵"对于我们自己应保持沉默"的处世信条，因此没有留下任何日记。由此，后人所写的传记主要是根据康德的哲学著作及因他成名后晚年的一些记录而成，关于他生平的细节特别是未成名的早年经历更是少有记录。因此后人的传记大多因学院派的僵化，把康德描写成了基于抽象概念基础上如同钟表一样机械的书呆子。但是这些传记性的学术研究却是我们了解康德的必由之路，也是本书所必要的参考文献。

中国人了解康德及其思想，主要是根据翻译的西方哲学经典，特别是对康德经典著作的翻译。中国思想界的康德热始于20世纪80年代，其源头主要有二：一是李泽厚先生从马克思主义实践概念的角度解读了康德；一是牟宗三先生从康德道德哲学的角度论述了中国儒家的心性之学。由于对康德兴趣和为了康德哲学解读的准确性，人们对康德著作进行了翻译和研究。（比如，李秋零教授和邓晓芒教授分别着力的康德著作翻译和出版。如此投入精力和时间，归根到底离不开"准确性"。）中国人全面理解康德，主要是根据古留加传记的翻译。尽管古留加的这部传记文笔矫健生动，但过于强调康德与俄国思想间的关系，不仅主观性很大，不具有可靠性，而且无法超越因资料的缺乏而把康德描绘成书呆子的局限。近期看到曼弗雷德·库恩撰写的《康德传》，其翔实可信的资料、丰富的时代历史背景、全面的人生经历、生动的场景描写、细致的理论解析，不仅让笔者对写作一本全面理解康德的书增添了信心，也为笔者提供了丰富的资料。

在谢文郁先生翻译的《康德传》中，作者曼弗雷德·库恩先生系统分析了康德传记性思想的研究状况。为体现对于原作者及翻译者的尊重，本书在这里有必要对其研究作进一步的概括和交代。

曼弗雷德·库恩说，由于康德的声望，在康德过世前，市面上就已出现了数种极尽阿谀奉承的康德传记与诗文，只等着康德作古而记者像兀鹰一样在康德坟前喧闹时，可以率先派上用场。关于康德的传记性作品，其研究状况归纳如下：

（1）约翰·戈特弗里德·哈塞作为东方语言学及神学教授，与康德1786年3月熟识后，经常参与康德的晚宴，后发表《康德的特殊见解：一个餐桌朋友的见证》（第2版作《康德的最后话语》）。这本小书更多地记录了康德晚年状况，表达了作者的"感激之情"，赞美了康德思想的伟大，并举例证明其正直的心灵与端正的品格。但是，由于哈塞的作品很多地方笨拙而固执，因此好心没办出好事，帮了康德倒忙。

(2) 1804年，在康德去世后，有人匿名发表了《论康德的性格与思想：一个公正的仰慕者的看法》，出版地点也没有注明。作者有感于哈塞那本歌功颂德却充满争议的书，认为哈塞文字反映了康德的本来面目，并对康德“忠诚、善良、正直与高雅的美德”进行了质疑。但行家不难确定，此书出自哥尼斯堡大学医学系药剂学与解剖学教授约翰·丹尼尔·梅茨格。

(3) 在舍弗纳等康德爱护者的支持下，康德的出版商尼古洛维乌斯(Friedrich Nicolovius) 制定了一项出版计划。他搜集康德生命各个时期的交往言行和传记性资料写成了《论伊曼纽尔·康德》。他们通过垄断解释权，不仅覆盖了哈塞或梅茨格等人的传记观点，而且这本著作被视为关于康德的生平与性格最完整且最可靠的史料。

三位有代表性的作者所描绘的康德，最大缺点在于几乎都局限于康德生命的最后15年，即从65到80岁，对30至50岁的介绍很少，对20岁则只字未提。由于大多数传记作家对康德前60年几乎没有什么交代，最后20年也谈之过少。因此导致我们现在对康德的生平所知有限，尽管后来康德在哥尼斯堡的朋友陆续发表了对他印象零星的故事及细节，但都无法根本改变康德的“刻板印象”。

尽管这三部著作存在很大的局限性，但这却是研究康德生平思想的最重要来源。

总的来看，康德生活及其批判哲学的产生背景是在“柏林启蒙运动”和“苏格兰启蒙运动”背景下，德国发生了“哥尼斯堡启蒙运动”。在哥尼斯堡，康德与哈曼、冯·希佩尔、赫尔德、赫兹等这些对德国文化有贡献人士交织在一起。康德的早期哲学作品是一系列柏林学院哲学悬赏征答的参赛作品，是在当时“狂飙运动”与“崇尚天才”的氛围中形成的。晚期的康德，是在“泛神论的论战”中展开的。

康德对于道德人性的美好设想，与中国孔子有着英雄所见略同之妙。

康德说："我们的责任不是制作书本，而是制作人格；我们要赢得的不是战役与疆土，而是我们行为间的秩序与安宁。真正的大师杰作是一个合宜的生活方式。"尼采洞察到了康德哲学和中国思想的道德相通之处，因此把康德称为"哥尼斯堡的中国人"。尼采赞同康德认为基督教作为一种制度宗教阉割了欧洲人的本性，认为中国文化和欧洲基督教文化一样，提供的是"奴隶伦理"。不过，尼采却不赞同康德的道德哲学观点，因为尼采从自己的"权力意志"哲学出发，认为康德从"善良意志"出发自我约束的道德哲学具有虚伪性，认为康德哲学会阉割人的"超人"品质，最后把欧洲人造就成中国人那样循规蹈矩、唯命是从的"机械应声虫"、"牵线木偶"或"工蚁"一样的奴才。其实，德国进入现代抛弃康德哲学而相信尼采哲学迎来的两次世界大战的事实已证明了康德哲学的价值。

但不管怎样，康德哲学作为那个时代人类文明的象征是精彩的。因此如果你能耐心地品味康德对世界及生命的认识，那么康德哲学应该让你拍案叫绝。康德的理性分析思想却是我们中国文化传统缺少的，也是我们中国人不习惯的，更是我们中国人应该学习的。

本书具有两个特点，第一，在前人研究的基础上，加入本人多年研究的理解，以求对康德思想进行更精确的表达。第二，根据西方文化的背景和中国哲学的特点，力图用中国人的语言习惯进行清晰的陈述而让大多数人可以看得懂。

但学无止境，差误之处肯定很多，敬请批评指正。

李海峰

2012 年 9 月 10 日

目　录

第一章　康德的童年与少年

1824年，莫斯科与君士坦丁堡签订了瓦解波斯的协议，侵入其领土后，波斯国王精神失常，下令屠杀了伊斯法罕所有居民。腓力五世让出西班牙王位，由儿子路易继承，然而路易在短短几个月后丧命，于是腓力重新掌权。新奥尔良州的路易斯安那总督发布“黑色法典”，借此钳制黑人并驱逐犹太人。与此同时，贵格教会与门诺主义者起草了第一份反奴隶宣言。在费城，第二个欧洲式的行会成立；在当时为英格兰属地的爱尔兰，乔纳森·斯威夫特发表《布商的信》，号召爱尔兰人抗拒威廉·伍德计划，即因他取得了铸造爱尔兰新币的专利而意图通过操作贬值而从中取利。以“彼得大帝”闻名的彼得一世创立了俄罗斯科学与艺术学院。保罗·达德利发现了谷类杂交的可能性。赫尔曼·布尔哈夫在《化学元素》一书中主张热是一种流体。华伦海特说明了水的过冷现象。韩德尔完成了两部歌剧（《恺撒》及《帖木耳》）。拉莫完成三部大键琴作品集之一。丹尼尔·笛福发表《罗珊娜》与《新环游世界》。勒萨日完成小说《吉尔·布拉斯》第二卷。拉法耶特女伯爵的遗作《丹德的女伯爵》问世。贝尔纳·德·丰特奈尔完成《神话的起源》，探讨神话的心理学知识起源，破解了神话迷信。克劳德·比菲埃出版《论第一真理与理智判断的根据》，揭开了人类知识的基本原理。当时，对康德有重大影响的大卫·休谟则是爱丁堡大学的二年级学生。

在普鲁士，1713 年即位的腓特烈·威廉一世（1688—1740）凭借微薄的税收培养出一支优秀的军队，开始进行统一领土的工作。1713 年前几年他已经进行了政府改造，由总理院统管一切政务，统一了政令，提高了官僚系统效率，节省了皇室开支，并使岁入加倍而提供了充足的军费来源。1723 年威廉一世在哈勒敬虔会狂热的信徒压力下，放逐了克里斯蒂安·沃尔夫，禁止沃尔夫的思想传播，其理由是，沃尔夫接受了莱布尼茨“预定和谐”的理论，因其中蕴含了宿命论，可能为逃兵提供借口。但具有讽刺意味的是，结果相反，这使沃尔夫一举成了启蒙运动的焦点人物。于是普鲁士政府威胁要将沃尔夫处死，沃尔夫不得不辗转来到马堡大学栖身，并于 1724 年出版其代表作《论自然界之目的因》，剖析了自然世界是如何显现理性而井然有序的。

这些发生在世界各地及普鲁士的事件，不可避免地在哥尼斯堡留下了印记。普鲁士国王的措施给这里带来了改变：哥尼斯堡在 1724 年由旧城、勒贝尼赫特与克奈普霍夫三个城镇合并而成，以利于管理和提高行政效率。由于教会领袖罗加尔是沃尔夫在哈勒的死敌培养出来的敬虔教派信徒，因此得到了同是信徒普鲁士国王的信赖，而重返哥尼斯堡为普鲁士国王效力。他上任后的第一件工作就是，把沃尔夫哲学的支持者逐出哥尼斯堡大学。由于罗加尔向柏林方面打的小报告，使得自然哲学教授费舍尔（1686—1751）遭遇到了与沃尔夫相同的命运。

宗教世界里的童年

1724 年 4 月 22 日，康德诞生于哥尼斯堡。在《旧普鲁士年鉴》里，由于那一天被称为“埃马努埃尔”，因此他的教名就叫“埃马努埃尔”。后来康德把自己的教名改为“伊曼纽尔”，因为他认为如此更接近希伯来语的源发音。“埃马努埃尔”原意是“与上帝同在”的意思，为此康德自豪地认为，这个名字最适合他，甚至晚年还专门撰文阐释它的含义。康德预设了一个乐观的信念，即这个世界是个有目的的整体，其中的一切，包括他自己在内，皆有定所。

他的父亲是哥尼斯堡的马具师约翰·格奥尔格·康德（1683—1746），母亲安娜·雷吉娜·康德（娘家姓罗伊特），是当地另一个马具师的女儿。父亲约翰的原籍在蒂尔西特，后移居到哥尼斯堡，与安娜 1715 年 11 月 13 日结婚自立门户。当时，工匠开业必须加入行会。由于行会严格限制地区店铺数量，要取得开业资格，必须生为行会师傅的儿子，外人要挤进这个职圈，唯一办法就是与师傅的女儿结婚。安娜是卡斯帕尔·罗伊特与雷吉娜·罗伊特的女儿。卡斯帕尔也是外地人，来自与哥尼斯堡素有贸易关系的纽伦堡。

取得师傅头衔的条件是，提交一件成熟的作品且取得执业地点的公民权。公民权意味着当事人或至少其家属拥有不动产。同时他必须在行会中完成注册。从入会那一刻起，自己及家庭必须遵从行会规范与习俗。入会前，申请人与妻子必须提交出生证明。按传统习惯，行会不接受官方约束，自行仲裁内部纠纷。学徒与熟手人数都严格规定，技术差的工人不准在业界工作。商品价格不由市场调节，反对自由竞争。师傅对熟手与学徒享有支配权，熟手迁移必须得到师傅的准许。行会享有惩罚会员的权力。等等。

在哥尼斯堡，每个行会在各个行政区设有代表处，代表处设有项目账户以济助会员，如处理丧葬与贫病等。师傅过世后，商会有责任照顾他的遗孀。对会员而言，“行会有如教会，包办了人生当中的一切”。手工业匠人由于拥有技艺而属于被“尊崇”的族群，因此“荣誉感”不仅在事业中扮演重要角色，同时与身份背景密切关联。匠人自视甚高，对自己特殊的社会地位非常在意，甚至刻意突显自己与下层阶级的不同。18 世纪的一篇记述苏黎世行会情境的文字可以让我们窥一斑而见全豹：

那些所谓的绅士，因为过于趾高气扬而被社会中层阶级的老老少少所憎恶……类似“我是一个绅士也是公民”的言辞……在他们与被视为低阶层人或乡下佬、外国人的争吵中屡见不鲜……我的父母日常接触的面包师傅伊明格是一个精明老练的生意人，他是隶属于行会的师傅，同时也是议会的成员，不少工匠的地位等同于高等议会的议员。高等议会议员具有严格的筛选方式，他们由议会成员与行会长老推举。这将无可避免地造成贵族派阀的权力垄断。

康德的父亲和大部分工匠一样，在自己家里开有工作室。康德作为工匠师傅的儿子，自小享有与生俱来的优待。父亲作为马具师，虽然与肉商或面包师不能相比，但养家糊口绰绰有余。康德一家原来住在市郊，房子原属外祖母雷吉娜·罗伊特的继父，房子继承人是外祖父母，父母并未成为持有人。房子建地狭窄但颇有纵深，像哥尼斯堡典型建筑一样，三层楼，另外附有一间库房，一个小花园，还有一块草皮，虽谈不上豪华，但以 18 世纪标准，堪称舒适。家里至少有一个寄宿的女仆。

康德排行第四，只有一个五岁的姐姐存活下来。因此在领洗那天，安娜为他填写了祈求平安的祷文：“愿上帝以耶稣基督之名依其恩宠的圣约摄护，直到他人生的最后一刻，阿门。”在康德之后出生的五个孩子中，只有三个活下来，两个妹妹一个弟弟。

康德童年时家境宽裕，但在他稍长后恶化。1729 年 3 月 1 日，父亲开始同时负责照顾其岳父的事业。岳父死后，他的收入成了岳母唯一的经济来源，四年后的 1733 年，为了方便就近照料，他们举家迁到外祖母家。新居坐落在市郊“鞍辔匠街”，是一幢较小的平房建筑，三室一厅，开放式厨房，陈设散乱。

这个新营业场所生意一日不如一日，原因是父亲年岁渐大且竞争对手增多。其实这是 18 世纪早期行会危机的自然结果，虽然当时行会仍拥有很大的权力，但积弊很深，这从 1731 年 8 月 14 日发表的《皇家议会关于行会滥用职权的意见书》就可见一斑。由于当时各行会明争暗斗，师徒关系也不似从前，于是王室下令削减或收回行会部分权力并彻底加以改组。

行会争端也波及了康德一家，但父母在孩子眼中却始终保持着良好的形象：

记得……马具师与鞍辔师有一次一起激烈争夺一笔生意，我的父亲为此深受困扰。尽管如此，父母始终以最大的尊重与爱对待他们的敌手，并且相信天意。虽然我当时只是个小孩子，这个事件却留下了难以磨灭的记忆。

这两个行业彼此冲突，因它们客源重叠，提供的商品也类似。马具师与鞍辔师做的是雷同的买卖，不同的地方在于马具师仅有两年的学徒生涯，鞍辔师则要三年。鞍辔师可以兼做马具，马具师则不许做马鞍。为了争取有限的订单，鞍辔师常常侵入马具师的市场。在巩固地盘的防御战中，马具师大致上处于下风。在康德出生时的许多日耳曼地区里，马具师这个行业已告消失。

父亲刚好处在马具师行业在哥尼斯堡渐趋式微的年代。收入不断缩水，使其在1730—1740年间越来越难以维持生活。当地制革工人克伦纳曾以熟手的角度留下一篇观察20年代早期哥尼斯堡的记录：

哥尼斯堡：普鲁士布兰登堡州的首府……那是个很开阔的地方。我在立户于罗斯加敦区的海因里希·加勒特的门下当学徒有九个月之久。每个牧师都必须缴纳一块钱的杜卡币给路德教会的主教。因为必须评论圣经之故，主教拥有圣经学博士学位。因为有士兵的关系，熟手不能出现在公共场所。他们必须待在旅馆里，因此以赌博打发时间。不过，若有人胆敢在教堂作礼拜的时候于酒吧里喝酒，则有遭拘捕之虞。由于此地征调新兵的动作加大，而且他们竭尽所能要让我入伍，于是我又回到了但泽市。

由于父母的尽职尽责，康德的童年备受呵护。像其他兄弟姊妹一样，康德被母亲昵称为“小曼纽”。有个与康德关系密切的同学后来证实说：康德告诉我，他仔细观察哥尼斯堡附近一位伯爵的家庭教育……时常觉得父母亲对他的教育实在是高尚许多。他非常感激他的父母，并且说他在家里从未看过或听过不得体的事情。博罗夫斯基也佐证说：康德不厌其烦地跟我重复说：“我不曾从我的父母亲那里听到不得体的言辞或看到低下的行径。”康德晚年曾在一封信中写道：“我（出身工匠阶层）的父母非常诚实、道德高尚，而且举止有礼。他们没有为我留下财产（但也没有留下债务）。然而他们给了我一个以道德的角度而言最佳的教育背景。每当我念及于此，内心总是充满至高的感激之情。”

1746 年，父亲辞世，时年近 22 岁的康德写道：“3 月 24 日，我亲爱的父亲安详离开了人间……上帝虽然没有赐予他喜乐的一生，愿它从此让他分享永恒的喜乐。”

可以说，康德的外道德点来自这个在困苦中养活一家的工匠，而他母亲对他的正面影响有过之而无不及，因此康德提及母亲时更加充满孺慕之情：母亲安娜是个“心胸开阔且善解人意的女性……有一颗高贵的心，她的宗教信仰真诚却不狂热”，“我永远不会忘记我的母亲，因为她在我的心灵中植入了第一颗善的胚芽，并加以灌溉；她引导我感受自然现象；她唤醒了并且助长了我的观念，她的教导在我的生命中留下了无间断的、美好的影响。”康德说，自己不但长得像母亲，早年性格的养成及后来发展的基础，母亲都扮演了重要的角色。康德在“关于人类学的讲义”里说：通常把女儿宠坏的是父亲，把儿子宠坏的是母亲。母亲通常较喜欢有活力并且勇敢的儿子。同时他认为儿子通常较爱慕父亲，因为：倘若没有被宠坏的话，小孩子真正喜欢的是必须付出辛劳才能得到的乐趣。一般而言，母亲比较宠小孩。然而我们发现小孩子（特别是儿子）对父亲的爱慕甚于母亲，原因是母亲会为了避免小孩受伤而不让他们跑跳。父亲虽然在小孩子逾越分寸的时候对他们吼叫，甚至出手惩罚。但他也时时带他们到原野上去，让他们都可以像个男孩子，允许他们奔跑、游戏，尽情玩乐。

康德的母亲有高于18世纪一般女性的教育程度，她的文字素养很好，因此家中所有书写任务都是由她承担。她带康德出去散步时，“要他注意自然景物及其种种现象，甚至把她所知道的天文学知识灌输给他，并对他聪敏的理解能力与突飞猛进的悟力相当赞赏。”

康德的外祖母死于1735年，尽管家计负担略有减少，母亲也不如以前忙碌。但同年11月，母亲又生了一个叫约翰·海因里希的男孩。九次怀孕与照顾家庭的负担，最后让她油尽灯枯，两年后的1737年12月18日，年仅40的母亲便离开了人间，那时康德年仅13岁。

瓦西安斯基曾介绍过康德晚年留下的一段关于母亲死的回忆，透露了一个“感恩图报的好儿子内心深处的感怀与温柔的哀痛”：

她以前有一个挚友，与钟爱的男友已有婚约，但仍未失去贞操。虽然该男子允诺要娶她为妻，最后却背信与他人结婚。在内心的痛苦煎熬之下，这个被欺骗感情的女子发了一场致命的高烧病倒下来，并拒绝服用医生开给她的药物。康德的母亲在病榻旁服侍她，试着劝她喝一匙药。生病的女友还是拒绝了她，抱怨药的味道令人作呕。康德的母亲认为要说服她最好的办法是自己先喝一匙。她吃下了药以后才想到，那把汤匙她的朋友已经用过。那一刻她立即感到恶心和一阵寒栗，不安的想象又不断使状况更加恶化。当她注意到朋友身上的斑点，并认出那就是天花以后，她就告诉大家或许她的死期已到。她在那一天就病倒下来了，之后不久旋即死去，因友谊而牺牲了生命。

母亲安娜“悄然而寒碜”地下葬了，没有送葬队列，因为康德一家在1740年已被税捐机关列为“贫困户”。从前，父亲的缴税额是38塔勒，如今降到9格罗申。由于家道中落，家人必须接受其他家族及朋友的济助，他们从好心人那里得到柴火，康德临时短缺的教育经费则由一个较父亲宽裕的鞋匠舅舅偶尔提供。

由于康德与兄弟姊妹没有共同点，因此与他们的关系不密切。在他生命接近终点时，他的妹妹卡塔琳娜·芭芭拉来看护他，他虽然感激她，但却因她“没有文化”而觉得没面子。唯一存活下来的弟弟约翰·海因里希出生时，康德已就读腓特烈中学，彼此也没有什么联络。但是，在家人需要帮助时，康德都给予支持。

康德的父母是虔诚的敬虔教派教徒，尤其是妈妈，对于当时流行于哥尼斯堡商人与底层平民间的敬虔教派信仰坚守不渝。敬虔教派是德意志新教系统下的一个分支，是对新教原教旨主义的反动。原教旨主义新教神学家与牧师恪守字面教义，强调信经，因此而惩罚对教条的异议者。另一方面，原教旨主义对会众精神与物质需求不甚关切，但乐于迎合上流人士，鄙弃教育水准较差的纯朴市民。相反，敬虔派强调自发性圣经研究和个人虔诚，信徒自司祭职，强调善行实践。敬虔教派是福音运动的一支，坚持皈依者的“个人重生经验”及对“世俗功利的扬弃”。敬虔派信徒认为，一个人要得到救赎，必须通过赎罪的历程及考验达到真实的“皈依”与“觉醒”，皈依者必须日日“服从上帝的诫命，其内容包括祷告、读经、放弃不当的消遣以及以善行服务邻人”，“新自我”才能借神的恩宠克服“旧自我”，“世俗的子民”才能成为“上帝的子民”。

但是，敬虔派是反对理智主义，其“心灵的宗教”特征近乎神秘的情感主义。由于敬虔派的一个教条规定，每个信徒必须在其居住地成立一个“真基督徒”的“小教会”，并与当地可能已背离基督教原旨的教堂有所区隔。因此，敬虔派一旦在某地生根，立刻就会形成一个“核心成员”的小圈子。

敬虔派的理论泉源是施佩纳1675年写的《敬虔之愿》，副题为“依上帝的旨意改进真福音教会之真切热望以及若干达此目标之建议方案”。敬虔教派在普鲁士的大本营位于哈勒的新大学，由于弗兰克（1663—1727）的宣扬，敬虔派的理念散播到了整个普鲁士。哈勒的敬虔会与德意志其他地方的不同是它更重视基督教实践。弗兰克认为，善行不只是基督徒的私人任务，同时也是敬虔派的集体使命。因此敬虔会教徒必须履行的日日行善义务，通常是在孤儿院或贫民学校机构里做义工。弗兰克在哈勒建立了很多收容、教育孤儿与贫童的机构，同时成立一项影响深远的教育计划——“弗兰克机构”，旨在为其他国家与地区起示范作用，以利慈善事业的发展。

敬虔会之所以大行其道，还有腓特烈·威廉一世的推动，因腓特烈·威廉一世发现，敬虔教派有助于达成他的政治目标，可以形成军队支持的强大专政制度、有效率的行政系统、坚实的经济结构、统一有效的教育系统。于是，他倚赖敬虔教派知名人士推动改革。腓特烈·威廉一世“逐渐把敬虔教派纳入他的御用编制，既改变它，同时也被它改变”。

由于柏林王室为了伸张中央集权而削减地方诸侯的特权，因此改革首当其冲是拥有土地的普鲁士贵族，而这些贵族又与路德教会主流过从甚密。如，他出台让一般贫民小孩接受教育的政策遭到贵族的抗拒，因为小孩去上课就不能到他们的田里工作。由于这次改革是政治与宗教掺杂而形成的混合物，所以专制君主与地方贵族间的政治冲突最后演变成教会正统派与敬虔派的斗争。这是政治与宗教不健康的联盟，这个联盟扩大了广大群众的利益而不是少数贵族的利益。

哥尼斯堡的早期敬虔会员，最重要的是格尔与利西乌斯。在哈勒皈依敬虔派的格尔在哥尼斯堡创立了“敬虔学院”，后又为穷人盖了一所学校并在多年努力下成了高等学校。一开始，敬虔教徒在哥尼斯堡被看作是“无神召的街头传教士”，其传道内容也被斥为异端，他们组建的学校则被指控为违法的“街角学校”，对合法学校形成了不公平竞争。但是在1701年学校纳入王室的保护被正式承认后，特别1703年改名为“腓特烈中学”，在大学兼神学“特聘教授”的利西乌斯被派任校长之后，敬虔会才对哥尼斯堡的传统势力构成了抗衡。

但当学校的一部分转型为教堂，而敬虔会的礼拜“吸引众多听众”之后，与正统派的公开抵抗开始出现，正统派神职人员、大学神学系与行政部门竭尽所能遏止敬虔派的扩展。利西乌斯被指控传布“千年至福说”思想与“捏造美好的未来”，败坏了上帝的教诲而造成了信徒的堕落。指控者声称：由于其追随者大多是“头脑简单的一般市民与工匠”，“像时下的贵格教徒与门诺教派、狂热分子以及其他的精神失常者一样，可以在他们的集会中肆无忌惮地打开圣经，挑一段经文或者其中的一个短箴，根据自己的概念加以说明、批注或诠释。他（利西乌斯）贱卖上帝的话语，任意嫁接经文。”于是，大学里的大部分学生与教授开始嘲笑敬虔教徒，市政人员与贵族也大多反对他们。甚至在哥尼斯堡人文圈与社交圈核心人物舒尔茨 1731 年进驻时，敬虔教派仍处境艰难。敬虔会为正统派教士难以接受的核心是认为人人有同等的圣经解释权。

舒尔茨的性格错综复杂，野心勃勃，蛰伏着暴烈的脾气。尽管他在敬虔教派与沃尔夫理性主义神学冲突间愿意采取妥协立场，但在哈勒敬虔教派与柏林集权政府的共同目标上则不曾有丝毫的动摇。他在哈勒攻读神学且深受弗兰克影响，也曾随沃尔夫深造，所以他的神学思想是“敬虔教派”与“千年至福说”的融合，相信耶稣再临后将建立千年国度。舒尔茨试图用沃尔夫的术语与方法来传播敬虔教派观念，因此因为他的缘故，沃尔夫哲学尽管在普鲁士仍遭官方钳制，但在大学却备受肯定。

舒尔茨在柏林王室的政治需要与哥尼斯堡市民的精神需要之间求得平衡。由于舒尔茨与柏林中央政府交好，其政治嗅觉与神学本能的结合，造成了王室对沃尔夫态度的改变。腓特烈·威廉一世也开始赏识他的哲学，在读过沃尔夫的一些著作后，他不再认为沃尔夫哲学与敬虔教派存在矛盾，因而设法让沃尔夫重返普鲁士，甚至下令所有神学系学生“必须效法沃尔夫教授，精研哲学以及逻辑的思考方式”。

由于舒尔茨反对“过度宗教狂热”，使得哥尼斯堡的敬虔会区别于哈勒的敬虔会而披上了“沃尔夫理性主义的外衣”。这就如同弗兰克为了掌握普鲁士政局所带来的新机会而大幅修正施佩纳的教旨一样，舒尔茨也根据不同时空背景修正了弗兰克的观点。在舒尔茨的领导下，路德教派的牧师比较像教师而不像牧师，基督教教义的传授逐渐与阅读、写作及算术等课程紧密结合起来。

30年代早期，敬虔教派在与正统派的斗争当中占了上风，而腓特烈·威廉一世也在与哥尼斯堡地方势力的较量中取得了一连串的胜利。由于腓特烈·威廉一世推动的改革工程与正统派神职人员及官员、贵族愿望背道而驰，使他们认为，敬虔会员不过是腓特烈·威廉一世的傀儡，而敬虔会员却相信自己站在了正义的一边，毫不退让地把他们的对手视为上帝的敌人而坚定地履行他们眼中的神圣使命。

由此，为腓特烈·威廉一世推波助澜的舒尔茨，因树敌日多而引起多人的嫉愤。反对者打破了他的窗户，在他家门口和其他敬虔教派教授住处大声抗议，并在街头举标语加以羞辱。舒尔茨在后来的回忆中这样描述当时的场景："这里的喧嚣与日俱增，甚至乌合之众也来凑热闹，因此有几个星期街道不甚安全，入夜之后我根本不能离开自己的住所。"由于舒尔茨成了普鲁士国王密友，以致当普鲁士国王在1734年重病时，他忧心忡忡地写信告诉自己的朋友他有多么慌恐，并预测自己"将在国王驾崩后的三天内人头落地"。

康德就是在这样的宗教环境中成长的。康德的父母特别是母亲，时常带着较年长的子女去参加舒尔茨的圣经研读课，舒尔茨也时而造访康德一家，甚至为他们提供帮助。除家人熏陶之外，康德早期的宗教知识基本来自舒尔茨。康德成了哥尼斯堡敬虔教派的一部分，而敬虔教派与正统派的冲突，也造成了他内心的冲突。当敬虔教派遭到诬蔑时，他就感觉陷入了歧视。

父母的良好影响

由于康德一家的宗教感情来源于舒尔茨的理性主义，因此康德认为母亲的宗教情感“忠实但绝不狂热”。康德研究者博罗夫斯基说：“康德的父亲要求的是勤勉与正直的儿子，尤其是不可说谎，强调的是劳动与诚实；母亲则根据她对虔诚的想象要一个虔诚的儿子，加上了宗教的要求。”林克引述康德对父母的评语，证明康德在其《第二批判》里的“宗教诉求”与母亲早年的教诲如出一辙：“即使当时人们没有清晰的宗教概念……诸如‘德行’与‘虔诚’等用语也不够清楚或充分，但是人们事实上都是有德行且虔诚的人。尽管一直有人对敬虔教派指指点点，但那些真正严肃的敬虔教徒却散发尊贵的气质，并拥有作为一个人所能拥有的最高品德，即静穆、喜悦与不为激情所扰动的内在平安。没有任何困境或压迫可以令他们不悦，没有任何争端可以激怒他们或让他们产生敌意。”

康德的这段描述，显示母亲对康德的道德观有正面影响，但不意味着康德成熟后的观点是对敬虔教派观点的简单吸收，因康德并不认为那些有德且虔诚的人背后存在学理支撑。他赞许的是他们“善的行为”，而不是他们的神学思想。这段文字事实上显示，在康德早期与敬虔教派的接触中并没得到多大的助益。另外，由于博罗夫斯基是普鲁士路德会主教，因此自然会淡化敬虔教派与正统派教会的派系差异，而把康德的道德哲学与敬虔教派联系在一起，带有部分政治动机。

康德成年后说，是父母让他得到了“从道德的角度而言最佳的教育背景”，并终生对早期理想道德教育十分感念。在《论教育》讲义里，康德区分了以纪律为基础的体能教育及以准则为基础的道德教育，前者不允许儿童自由思考，只是予以锻炼，而道德教育，“因为道德行为的一切价值出自于其准则”，“若其方法以模仿、威吓、惩罚为基础，一切的努力都将白费。”因此父母必须引导孩子体验行为准则，而不是让他盲从习惯。小孩不仅要做好事，而是让他们知道：因为那是善行，而且“更重要的是，为了让道德感往下扎根”，“我们必须尽量以身教及言教来让小孩子明白他们的道德义务。”在这个阶段，孩子的义务内容主要为清洁卫生以及节约。酗酒悖于常理，一切放纵无度，都会让人丧失人性尊严而禽兽不如。小孩子说谎和“阿谀奉承”是最大的忌讳，是对人性尊严的戕害，因为“谎言使人类成为轻蔑的对象，且使孩子失去对自己的尊重和信赖”。

在对别人敬畏与尊重方面，孩子的练习不可忽视。当孩子对穷人的孩子感到不屑因而回避或无情地推开甚至殴打他时，大人则不仅应该跟他说：“不可以打人，因为他会痛”，或“你应该有同情心，他是一个可怜的孩子”，而且必须让小孩明白，如此行径与人权相抵触。康德认为，孩子学习同情人，更应该培养责任感、自我价值感与自信。同时，康德强调以身作则的重要性，因“对一个人格发展尚未成型的人而言，模仿是第一个意志规定，以让孩子接受后来他自己也会订立的准则”。

康德认为，孩子必须接触宗教概念，“只是不应以书面的方式，而是以实践的方式。让小孩念诵空洞的祷词不仅毫无益处，甚至会误解‘虔诚’的概念。作为神真正的仆人，意味着言行举止不逾越神的旨意，这一点小孩子们必须学习。”同时，宗教概念必须巩固道德价值，而不是反过来由道德支撑宗教。在《道德形而上学》里，康德在明白区分道德与宗教基础上，建议以道德教理问答代替宗教教理问答作为学童启蒙课程，并强调：“在儿童教育里最重要的是，道德的教理问答不可以和宗教的教理问答掺杂在一起……尤其要避免把道德的教理问答摆在宗教的教理问答之后。”

康德的道德哲学植根于早期的童年经验，这种源自工匠风气的道德特性是：以不受皇家及贵族支配为豪的自决与自足精神，不对上位者盲目臣服与屈从的民主社会组织观念。康德终其一生都以自己的出身为荣。行会系统最核心的“道德命令”是“名誉”，行会会员如果失去名誉，等于失去了一切。瓦西安斯基强调，舒尔茨帮助康德父母的方式“与康德及其父母的荣誉感一致”，他们绝不轻易接受金钱的施舍。

但是对康德而言，荣誉感只是道德的外在表现，而不是道德的本质。因此康德指出：“道德修养必须建立在准则上而非纪律上”，因纪律只是用来防堵外在坏习惯的人为规定，荣誉感是后天约定俗成和习得的，而道德准则是人的内在准则。因此纪律与低劣的品德可并行不悖，而道德则不然。人格的形成要有相当的年纪才可能，而道德观念却深植于人的灵魂深处，稚龄的儿童也不例外，因此与其向孩子申斥“你这样做很丢脸”，不如问他：“你这样做合理吗?”

康德由个人道德自律构成的理想社会观念，是从父母那里继承的小资产阶级价值观。在康德仅有的描述其父母的文字里，特地指出他们没有留下财产，也没有留下债务。他的父母发自内心地相信，除了过“上帝眼中的好生活”之外，没有其他选择。他们在意的是不必妥协、不依赖他人、靠勤奋工作、服务顾客而挣得生活基本所需的有尊严生活。在这种人性特质上，康德得自父母的影响不下于宗教教义。

学童时代：在宗教学校管教下

康德首先在郊外一所“医院附属学校”入学，这所学校与圣格奥尔格救济院相连。康德的老师是路德维希·伯姆，一位神学学位候选人。康德与邻近小孩一同跟随伯姆学习基本“阅读、写作与算术课”。

1732 年夏季，时年 8 岁的康德进入了腓特烈中学。不同于童年对家庭美好的回忆及对父母教育“至高的感激心情”，康德对“腓特烈中学”岁月的回忆则充满了恐怖。康德的好朋友之一希佩尔记载：康德与父母同住，就读人称“敬虔会馆”的公立学校腓特烈中学。康德的一个名叫鲁恩肯的同学在 1771 年 3 月 10 日写给康德的信中开头第一行便说：“30 年前我们一同在狂热分子们严厉而有益的而且不算过分的管教下苟延残喘。”康德在《论教育》讲义里说：“学校里弥漫着压抑而机械刻板的气氛，以及一箩筐的规定。经常会使人失去独立思考的勇气，并且断伤天才。”他对“敬虔会馆”的道德教育实在不敢恭维，因此康德后来特别支持巴塞多夫主持的德绍研究所的教育改革。

据传，舒尔茨是第一个发现康德天赋的人，并说服其父母把他送入腓特烈中学，以便为将来攻读神学作准备。虽然舒尔茨当时还不是校长，但与学校有密切关系。腓特烈中学是敬虔会附属机构，以哈勒的弗兰克机构为原型，其目标有二：一是在学生年轻时，“将正确的基督教植入其心中”，以防止“精神的颓废”；另一方面，透过人文学科训练，增进学生在世俗世界的成就。该校兼收贵族与平民小孩，试图为他们将来在政府或教会任高级职务作准备。腓特烈中学大部分学生在学校寄宿，但有些学生也允许与父母同住，康德便是，但他必须长途跋涉，徒步往返。学校的课程排得很紧，所以学生几乎整天都在应付功课。第一堂课早上 7 点开始，下午 4 点放学，午餐休息是 11 点到下午 1 点，每周上 6 天课，星期日休息，假日很少。其实，星期日也没有太多自由时间，因为必须上教堂，然后还得上主日课。

课程安排也与一般学校不同，上课班别根据学生各科程度来编定，同一个学生可能上一年级的拉丁文，二年级的宗教课，三年级的希伯来文。这样的安排，学生连交个朋友都十分不易。

正式上课前，老师先念一段“简短而有启发性的祷词”，午餐与放学前各唱一段圣歌，每门课的“主要目的”都是把学生引向“上帝及其荣耀”，而教师则时时谨记自己是在“全在的上帝”监督下上课。

宗教课的第一年，学生必须背诵路德的小教理问答。另外，他们还学习经改编以适应其程度的圣经故事。第二年则复习小教理问答，辅以部分路德大教理问答及更多圣经故事。第三年，把“教过的所有内容重复一次，并不时作重要的补充”。第四年宗教课主要学习克里斯托弗·施塔克的《救恩次序图表》。此外，每个礼拜还有两小时的新约圣经课。第五年的最后一年，进一步“深入新约圣经”，再加上两小时的旧约圣经导读。学校给教师的指示是：必须让学生明白“一切都可以成为祈祷的主题，并且应用于基督徒的生活与转变”。

在神学时代，其他课程都是神学教育的准备，特别是希伯来文与希腊文。学生在上过三年希伯来文课程后，已有能力阅读摩西五书、历史书及大卫诗篇。四五年级设计的希腊文课程，就能阅读新约圣经。学生须先读完整本希腊文新约圣经后，才可以欣赏其他古典希腊文著作，其教本是盖斯纳的《选集》（初版于1731年），其中收录有亚里士多德、恩波里柯、希罗多德、修昔底德、色诺芬、奥弗拉斯特、普鲁塔克、琉善与希罗狄安的文选。另外，学生还可以阅读荷马、品达与赫西俄德的作品。

拉丁文课程有六个年级，是腓特烈中学教育重点，所占课时从低年级每周18个小时到高年级6小时，大部分用在训练字汇、动词变化、字形变化及文法规则上。上过三年级课程，学生应能阅读奈波斯作品，四年级的拉丁文是复习奈波斯、西塞罗文选及诗选，五年级内容是恺撒及西塞罗，六年级则为穆瑞图斯、库尔提乌斯、普林尼、西塞罗《论义务》及其他文选。在最高两个年级，上课以拉丁语交谈。

康德最喜欢的老师是拉丁文教师海登赖希，这个“好人”不仅培养了康德对古典拉丁作家的爱好，也为他提供了丰富的古典知识。康德尤其感谢他教会了自己清晰的思考，由此，康德抱怨学校教育，应该着重作者的“精神”而非“辞藻”。康德的拉丁文很杰出，以至于熟识他的人认为他会选择主修古典语言学。鲁恩肯说，1739年复活节到1740年9月间，他最感兴趣的是哲学，而康德则最热衷于古典语言。康德、大卫及另一个密友库德还一起阅读课外古典作品，以补学校书单之不足，书本则由有钱的鲁恩肯购买。由于他们有自己著书的野心，所以使用了拉丁文名字：康蒂乌斯、鲁恩肯尼乌斯与库德乌斯。康德一直重视古典文学，终身阅读不辍，塞内加、卢克莱修及贺拉斯是他的最爱。博罗夫斯基等人都曾提到，即使在晚年，康德还能背诵他特别喜好著作里的大段文字。康德对古希腊文学兴趣稍淡，因此在他的著作里很少引用希腊文句。但是，在他后来进入哲学发展阶段时，古希腊哲学帮助他厘清了自己的观点。

学校里的地理课与历史课，以旧约与新约圣经里的实地历史作为主要教学内容，学生多半把它看作是宗教课的延长。书法课由于无法获得康德的青睐而成为唯一让康德遭到降级的科目。法文不是必修课，是总共三个年级的选修课，且这门课有额外收费，而康德却选修了法文。因此法文课的目标不是让学生能说一口流畅的法语，而是让他们能够大致阅读法文著作。英文没有出现在课表上，直到康德在那里任教都没有改变，所以康德没有受过英语训练。算术也被认为不如拉丁文重要，总共只有三个年级上，内容大多没有超出基本常识，较为高等的数学也只是选修课，因此也额外交费，其目标是介绍算术、几何基本原理，所用教材为沃尔夫的《一切数学科学的根本原理摘要》，其目的只是让他们具备学习其他自然科目的基础与能力。

哲学的情形基本相同，虽然哲学是正规课程而非选修，但只有一年课程，且走的是沃尔夫路线。不过哲学是可以让学生在课堂上互相“辩论”的科目之一。但后来康德曾向他当时的同学库德抱怨：“那些先生（Hel-en）没有办法点燃我们内心里的任何哲学火苗或数学火苗”。库德回答：“他们倒是有把火苗吹熄的本领。”

总之，该校的教育精神可用校长席费尔特的一句话概括：“复习为学习的灵魂，以便学过的不再忘记。”因席费尔特相信，同样的事物重复三次后，就“将牢牢地印在脑中”。由此，他们每周都有固定时数的复习课，而每堂课一开始也都是复习学过的内容。考试前三周，要复习半年来所学的内容。尽管席费尔特校长的观点没错，但这个方法却很难为教室带来生气。康德在晚年也赞同这样的做法，认为“记忆力的培养是必要的，而我们所知的便是我们的记忆的全部”。因此，针对类似词汇的学习内容，他不反对死记。然而他同时强调“理解能力也应该重视”，“知其然”应该与“知其所以然”相互促进。

康德晚年时讲过一个故事：“当他还是一个小学生的时候，曾有一个无礼的小孩闯入了训导员席费尔特的办公室并问道：‘这里是敬虔会的学校吗?’训导员一听之下，立即给他一顿痛打，接着告诉他：‘现在你知道敬虔会的学校在哪里了吧!’”因为康德十分用功，且几乎每一门功课都拿第一名，所以很少接受处罚，但他曾因下课游戏时弄丢了作业簿而受罚。

敬虔会不反对体罚，但不认为这是约束学生最好的办法，敬虔教派强调

"内省作为加强自制的工具"。在腓特烈中学，每个领圣体的学生必须先"撰文报告其灵魂的状况"，然后交给训导人员审核是否有资格领圣体。有时这还不够，学生必须另交一封由教师所封笺的报告给训导员，其中列举当事人是否适合领圣体的建议。若学生自己的报告与老师的报告出入过大，学生将会遭到训斥。康德成年后非常厌恶对学生的内省要求，认为这种"自我观察用以作为日记簿素材的内在知觉方法，可能导致狂热思想甚或精神异常"。学校以学生自制为其教育理想，但实际效果却是另一种状况。康德曾对雅赫曼说，尽管几乎所有的老师都很严格，但却达不到管教的效果。

康德的母亲在他毕业的三年前过世，除学校的"沉滞气氛"外，又加上了忧伤的情绪。但康德在腓特烈毕业时，却以优秀的成绩取得就读神学系、法律系、哲学系与古典学系的资格。他没有考虑医学或自然科学，因校方最高培养目标是把学生从"世俗的子女"转化成"上帝的子女"，因而提供的自然科学基础不够。这就如为哥尼斯堡敬虔会教育奠定思想基础的弗兰克说的那样：学校最重要的任务是克服学生们自然任性，因为让意志顺服，要人们自愿地皈依，就得先使自然意志屈服，而这种屈服是突破"赎罪历程"的第一步。但成年后的康德鄙弃地认为，来自超自然善与恶区分的干涉纯属虚伪的"假设"：

（1）善与恶乃人性当中不可分离的本性，因此这种宗教忏悔是反自然人性的，它将导致心灵回因充满悔恨而分裂。由此康德驳斥敬虔会强调超自然力量对人类意志产生压抑，而强调以自由意志为基础的自律性才是道德哲学建立的关键，即人的意志是自由的，可以通过善的自觉来克制私欲及罪恶。

（2）由于人类没有能力超越人性的经验界限而窥见自然的本质力量，因此我们永远无法知道自己是否真正皈依了上帝。而敬虔会教徒拒绝道德自律而绝对依赖神的恩赐，并沾沾自喜地自认成了少数的"上帝选民"而成为了基督教的上层阶级，仿佛已经得救，这是一种迷信。

他的朋友鲁恩肯描述说，康德之所以"一回想到被奴役的年轻时代"

便“不由地恐惧与害怕”，主要与宗教皈依有关，因他们两人于1732—1740年间在狂热分子严酷的纪律下“痛苦呻吟”。康德对祈祷与唱赞美诗始终表示反感，且抗拒以情感为基础的任何宗教。

在康德年轻的时代，男女授受不亲，社会风气相当拘谨。年轻女性甚至不可说出“怀孕”这样的字眼，不管是脖子前面或后面，都严格禁止暴露太多。只有男孩才有受教育权利，当时的女孩，除基本阅读、书写与算术外，很少得到教育。三K（Kinder，Kiiche，Kirche，小孩、厨房、教堂）几乎包括女性生活的一切。康德与同时代人一样，年轻时很少有与异性交往的机会。

哥尼斯堡是个中心大城市

哥尼斯堡位于普鲁士东北角，靠近俄罗斯边境，离波兰比离西普鲁士更近，所以有一定程度“岛民”的独立性格，哥尼斯堡比其他城市更有独立精神。但是，哥尼斯堡作为普鲁士的“边陲城市”，18世纪被当局形容为德意志“没落”的偏僻“后院”。

哥尼斯堡于1255年由条顿骑士建城，1340年加入“汉撒同盟”，直到1701年还是普鲁士首都。康德出生时，它只是东普鲁士的首府，但依旧是王国里数三数四的主要城市之一。由于其连接整个东欧与日耳曼及欧洲其他海港，还有连接内陆的河川，如濒临普雷格尔河，因此它不仅是普鲁士的卫戍地，更是个重要的国际贸易港，很多政府机关也留在了海湾，它还拥有一所大学。其贸易对象主要是波兰、立陶宛、英格兰、丹麦、瑞典与俄罗斯，来自东欧的货物主要是谷物、麻、亚麻、成灰、木材、焦油、蜡、皮革与毛皮，来自西方的货物主要为盐、鱼类、亚麻布、锌、铅、黄铜、香料与南方水果。作为港口，其繁忙程度不亚于汉堡或汉撒，其主要竞争对手为但泽市。

哥尼斯堡是个美丽、典型的中世纪日耳曼城市，因有无数桥梁而有

"北方威尼斯"之称，而城市主要桥梁因数学家欧拉（1707—1783）而闻名，因他提出一个名为"哥尼斯堡七桥问题"的数学难题。尽管哥尼斯堡是个水城，但在康德的一生当中，哥尼斯堡尤其是"近郊"却发生了多次大火，这也许是因为水多而忽视了防火的原因。1769 年的一场火灾，"摧毁了市区边缘数栋平房与 134 间仓库"，也烧毁了康德出生的老家。这场大火在 3 月初发生，10 个星期后火苗还不时蹿起。

哥尼斯堡由许多不同国籍的居民组成，除大比例的立陶宛人及来自波罗的海地区的居民外，还有 16 世纪来自荷兰的门诺教徒及从法国到此避难的胡格诺教徒。此外还有为数不少的波兰人和俄罗斯人。这些社群大致都保有自己的文化与传统，如胡格诺教徒，仍上自己的教堂，仍以法语交谈，并有自己的组织及经济圈。犹太社区则是来自荷兰与英格兰的商人。18 世纪，哥尼斯堡不断成长，1706 年人口约 4 万，1770 年达到 5 万，1786 年则将近 56 000 人。因为普鲁士国家弱小，其他城市大部分人把自己看作"柏林人"、"西伐利亚人"或"克莱韦人"或"明登人"，没有普鲁士人的自我认同，但哥尼斯堡例外，与柏林关系比其他城市来得密切。在敬虔会教徒与正统派教会冲突中，我们可以看出哥尼斯堡与哈勒及柏林有密切联络。

由于哥尼斯堡毗邻语言不同、风俗不同的国家，由此成为拓展人的见识与视野的好地方。18 世纪的哥尼斯堡可以说是个"多元文化"的城市。因此，康德与许多传统评论家的看法相反，认为哥尼斯堡并不只是一个后院，而是帝国中心城市。

但康德并非生活在城市中心而是在"近郊"长大，这个地区隶属于名叫"克奈普霍夫"的市区，是住宅区，同时也是繁忙的商业中心，商品仓库林立，酒吧与餐馆鳞次栉比。康德一家 1733 年后落户鞍鐥街，马具师与鞍鐥师商店与工作坊绵延不绝。

康德最早的玩伴便来自附近，大都是门户相当的工匠家庭后代。但这些玩伴没有一个人成为康德晚年仍记得的朋友。他很少提及儿童时代的游戏，只讲过小时如何横踏一块浮木保持平衡而没有掉到水里。

生活在两代国王之间：从专制到开明

腓特烈·威廉一世虽然信教，但却是个缺少宗教仁慈的严厉君王。除他的将领外，对于他认为玩忽职守的人，人人都可能吃到他棍子的惩罚。虽然哥尼斯堡山高皇帝远，但他的政令却达到了风行草偃的效果。他制定的规则事无巨细，从学校教育、大学考试以至园丁、磨坊师傅、路灯工人与牧师训练，无所不包。他所订的处罚条款有时过于苛刻，有时还很古怪。例如，出口生羊毛的人则处以绞刑，因只有羊毛加工过出口才对普鲁士更有利；如果牧师讲道超过一小时，须缴纳两塔勒罚款；有位侵吞小额公款的公务员 1731 年被吊死，尽管财政厅为他求情赦免。绞刑台就设在哥尼斯堡市政大厦对面，所有职员都必须出席观看。死者尸体吊了一整天才取下，然后弃置在城门外被兀鹫啃噬一空。

18 世纪，由于普鲁士的士兵不住在军营而散居在各个角落的民宅里，所以时常引起纠纷。同时，由于部队纪律十分严厉，只要士兵稍有违反便会招致毒打，若有士兵“口头抗命或抱怨”，则处以夹笞刑 30 趟。如携械反抗则由士兵列队枪决。因此，大部分哥尼斯堡居民都讨厌军旅生涯。于是，新兵缺乏时，征兵者甚至在主日礼拜时冲进教会公开掳走壮丁。大学生虽然免除兵役，却也不能高枕无忧。1729 年 4 月 29 日，哥尼斯堡大学法律系学生科恩，这位身材高大的年轻人在哥尼斯堡街道上被强灌烈酒及至烂醉如泥，并在众人“见证”下口出秽言，接着便以操行低劣为由被征调入伍。在康德的童年与青春时代，虽然腓特烈·威廉一世一心一意想为其臣民建造福祉，但因政府态度专横跋扈、政策高压，其实际成绩却不理想。

既不高大也不健壮的康德虽然没有被征召之虞，但康德对军人无甚好感，其原因可以追溯到他年轻时代不愉快的经历。

腓特烈·威廉一世死于 1740 年 5 月 31 日，在康德离开学校那一年，腓特烈二世继位，腓特烈二世的宗教态度比较开明，对哲学与文学也有浓厚兴趣，同时背负着开明人士的变革期望。

康德接受的教育与腓特烈二世无异，因腓特烈一世是位虔诚而残酷的父亲，由于其竭尽所能想让在他眼中有点娘娘腔的儿子变成大丈夫，因而借用了敬虔教派的管束办法。年轻的腓特烈王子始终在抗拒宗教皈依，抗拒敬虔教派的“灵魂告白”与“自我谴责”，并在当代法国文学里找到了精神替代品。康德像年长他 12 岁的王子一样，拒绝父母的宗教，不同的是，他在古典拉丁文学里找到了精神寄托。这就是为什么康德对腓特烈二世特别崇敬，把“腓特烈的世纪”称为“启蒙时期”的原因之一。他说：“对于每一个个人而言，要挣脱几乎已经成为本性的蒙昧难上加难”，因“法规与定则等机械性的工具，与其说是理性的利用，不如说是天赋的戕害，为人们带来了永无止境的蒙昧，有如脚镣一般。而卸下脚镣的人，即使只是跨过最窄的沟壑，也都是踉踉跄跄的，因为一时还习惯不了自由的步伐。所以只有极少数的人，能够以自己的心灵努力，挣扎暗无天日的蒙昧，稳健地往前走。”

1740 年 7 月 16 日，腓特烈二世到哥尼斯堡宣誓就职，在他一辈子唯一到访哥尼斯堡的机会里，也毫不掩饰地表达了他对哥尼斯堡的好感。当时有个学生向他表示要到哈勒去求学一年，年轻的国王答道：“为什么？哈勒的大学没什么好，都是软骨头”。就是说，都是敬虔会教徒！

于是，敬虔教派在哥尼斯堡的宿敌马上抓住机会来抹黑舒尔茨，在国王面前指控他到平民家里没收纸牌，威胁他们戒赌，否则不让他们告解或领圣体。舒尔茨则针锋相对地声称，“这是上帝的国度的敌人抬头的时代”。由于新国王比较开明，舒尔茨并没有因自己为敬虔教派的辩护而被砍头，这不仅让正统派教会扼腕不已，而且还让沃尔夫回到哈勒担任了法学教授及大学副校长。不过，尽管敬虔会的影响力开始衰退，但仍牢牢抓着特权。由于新国王的主要兴趣在普鲁士领土与个人精神领域的扩张，行政事务大致克绍箕裘，而他要“让整个欧洲陷入火海”，实现他为普鲁士开疆扩土扬威立万的抱负。

第二章　康德的大学时代

阿尔贝蒂娜大学：“一所振兴科学的大学”

1700年，日耳曼总计有28所大学散布各地，其中有许多是小型大学，注册学生共有9000人，1760年降到7000人，虽然有5所新成立的大学。海德堡只有80名学生，另外20所大学人数加起来不足300人。哈勒与莱比锡大学比较大，各有500多名学生。18世纪的哥尼斯堡大学，最多学期学生约在300—500名之间，它之所以有吸引力，部分是因为它的地理位置。阿尔贝蒂娜大学是东普鲁士唯一的大学，当地人若要上其他大学，必须到很远的地方，因此哥尼斯堡可以吸引附近邻国的学生，如波兰、立陶宛等波罗的海附近国家的学生。另一个诱人的原因是，至少在1737年以后，只有哥尼斯堡大学毕业的神学系学生，才可以在哈勒大学免修两年的课程，因为当地的神学系甚至整个大学都已完成改革以符合哈勒大学的规章。

哥尼斯堡大学在地理上的偏僻隔绝也带来一些问题。1736年，诗学与修辞学教授博克（1698—1761）在寄给他的朋友戈特合德（1700—1766，著名沃尔夫体系哲学家及文学批评家）的信里抱怨道：“在我栖身的地方，新的外文书籍和著作像彗星一般，好几年以后才会出现。”甚至到1781

年，巴齐克（1756—1823）还如此描写东普鲁士：“在德意志里，普鲁士人几乎是被讥为受过教育的西伯利亚人，原因是我们距离出版业的重镇莱比锡太远了，以至于总是太晚才得到新书；另一方面，因为书店很少，使得著书的风气低迷。”1739 年，腓特烈大帝到访哥尼斯堡时，更是肆无忌惮地讽刺说这个城市较适合养熊，不适合作为科学的基地。

因为哥尼斯堡地处偏僻，来东普鲁士大学教书的学者很少有出于自愿的，在哥尼斯堡教书的人甚至有资格不足的。优秀人才基本是土生土长的知识分子，要不然就是在当地出生而在别的地方求学回乡的。大学各科系发展水平参差不齐，课程安排也不均衡，部分课程甚至老师并没有完全掌握的科目，是边学习边讲课，边讲课边学习，有些科目甚至无人开课，如化学、自然史、经济学与政治学等。数学与物理教授素质低下，实验物理虽然开课，但实验设备明显不足。

1744 年，该大学有 44 名正教授，薪水微薄，副教授和编外讲师则必须靠学生交的钟点费过活，没有固定薪资，所以他们都必须兼差。全体教员，除非家庭富裕，否则必须有第二收入才能糊口，兼任公职、做生意或兼营其他事业的比比皆是。有的为学生开设宿舍，有的提供膳食，有的人开店，甚至开酒吧。在哥廷根，甚至有许多教授种菜，虽然他们的待遇已经优厚了许多。神学家通常兼任路德会牧师或高级执事，待遇比法律、医学或哲学教授好，哲学家的待遇最差。

阿尔贝蒂娜大学有四个学科：哲学、神学、法律与医学。哲学系有别于其他“高级科系”，一般被当作“基础科系”。由于神学系最重要，因此其学科也最有影响力，教师收入最稳定，学生也最多。比起法律系与医学系，哲学系更受神学支配，不仅有许多神学家在哲学系开课，同时不少非神学家的哲学教授自己也有宗教信仰。

从亚里士多德主义到沃尔夫主义

1715年，许多哲学家试图调和亚里士多德主义与当时的哲学新思潮，认为把现代哲学视为洪水猛兽是不对的。戈特合德说，1714—1715年间，他所学到的哲学，根据的是笛卡尔原理。路德也反对亚里士多德哲学，并称天主教教会为“亚里士多德教会”，但路德的学生路德宗正统派创始人梅兰希通则在坚持“唯圣经主义”基础上，把亚里士多德的学说发展为“新亚里士多德主义”。由于路德正统派教义依赖于亚里士多德学说，因此在18世纪前2/3时期，哥尼斯堡的哲学系不外是“神学的婢女”，哲学几乎完全以亚里士多德为导向或替亚里士多德辩护，笛卡尔等其他当代哲学家被了解，是因为被当作批驳的对象，影响甚微。

30年代晚期，随着正统派新教影响力的减弱，亚里士多德思想也随之乏人问津。戈特合德强调，根据克里斯蒂安·托马修斯（1655—1728）的思想，他还接触到了其他思想家的作品，如，洛克、勒克莱尔，那时，整个大学弥漫着自由开放的讨论气氛。于是，沃尔夫哲学在哥尼斯堡受到重视。克罗伊施纳时为克奈普霍夫的牧师，因在沃尔夫门下求学而成为他第一个著名门徒。鲍姆加登因是哥尼斯堡当地人而成为沃尔夫第一批学生，进而成为第一个在哥尼斯堡大学讲授沃尔夫哲学的教授。塔特（1698—1735）在1720年取得莱比锡大学硕士学位后回家乡讲学，1724年出版了介绍沃尔夫哲学方法优越性的书。弗罗姆倡导要亦步亦趋地跟随沃尔夫的思想路线。拉斯特其立场也与沃尔夫相近，他是把年轻的戈特合德变成沃尔夫信徒的关键人物，曾在1719年为莱布尼茨关于“气压计的水银为什么在雷雨前会收缩”的解释作辩护。

另一个提倡沃尔夫主义的年轻教授是马夸特，他是哥尼斯堡人并在哥尼斯堡攻读神学，后在哈勒攻读哲学，成为沃尔夫的忠实信徒。1722年，他在哥尼斯堡完成关于莱布尼茨“预定和谐论”的博士论文口试后进大学教授神学、哲学与数学。戈特合德在对“混合极不兼容的观念与原理”进行了折中主义思考后，其第一部哲学作品是《莱布尼茨单子论疑点》，博士论文题目为《论上帝的全在的真正概念》，都借鉴了沃尔夫的思想。

不过，自由的哲学风气却没有得到长久的维持。在国王一连串策略性的提名后，早已主宰哥尼斯堡市民阶层的敬虔教会逐渐在大学占了上风，他们1724年把费舍尔赶出大学，后又把他赶出了哥尼斯堡和普鲁士。利西乌斯及敬虔会教友在1725年掌控神学系后，立即对教学主题作了重大变革，不仅排除了教父哲学的所有课程，且和哈勒的同事一唱一和，抨击沃尔夫哲学是最终导致无神论的罪魁祸首。利西乌斯对于《圣经》里并没有绝对禁止的“可行可不行的事”抱有开明态度，如，他并不坚决反对跳舞，但罗加尔则认为跳舞是“魔鬼在作怪”。于是，苦行主义开始在城市和大学里扩散。但不久，哥尼斯堡的既有新生力量开始对罗加尔表示愤恨，并远超了对于以前敬虔会的不满。

尽管正统派和沃尔夫派也存在观念上的矛盾，但在反对敬虔教会上却是一致的，因此敬虔会无法笼络神职人员、学术界和政界的精英。罗加尔说：各行各业的工匠与许多士兵，都以纯朴的方式敞开心房。耶稣基督的福音只有对学生与公职人员完全无效……大部分学生都在看敬虔会的笑话，不过局势没有多久就完全逆转。国王持续干涉，如，1726年颁布敕令规定，神学必须以哈勒的方式进行教授。1728年，进行最后整顿，下令所有东普鲁士教会的候选牧师，必须取得哥尼斯堡敬虔会的亚伯拉罕·沃尔夫颁发的“诚智证书”，然后才能任职。

由此，敬虔会1730年后得到了空前的权力，并取得了垄断神学系的地位，而且不客气地进行了发挥。于是，那些还在乎前途的神学系学生，不仅不敢公开与敬虔会教授唱反调，更不敢和非敬虔会的人走得太近。结果，敬虔会教授开的课座无虚席，而正统派教授的课则门可罗雀。学生们再也笑不出来了。

神学对哲学的制约，使哲学的言论自由销声匿迹。1727年，沃尔夫的哲学课在哥尼斯堡被明令禁止，沃尔夫的著作也不许销售。博克曾在1729年抱怨道："大学的状况是如此可悲，简直就与私立小学没有什么两样"，"'敬虔热'的高烧几乎要了整个哲学系的命；在某些人的眼中，哲学已经死了。沃尔夫学派的人至少表面上屈服了，但他们还是暗中继续辩护和讲授沃尔夫哲学。"沃尔夫路线或正统派教会的年轻讲师，没有晋升机会，不少优秀的年轻人因此而断送了前程，马夸特便是其中之一。

敬虔会最主要的正统派敌人是神学家匡特（1686—1772）。他是个博学且才华洋溢的神学家、东方语言专家，懂英、法、荷等多国语言。利西乌斯在位时，匡特是个很有势力的反对者，提倡理性的正统信仰，他虽不属于沃尔夫学派，但却与许多受沃尔夫影响的年轻讲师过从甚密。尽管他在大学里日益孤立，但与哥尼斯堡地方显要关系良好，依然拥有巨大的影响力。尽管如此，正统派势力最后还是被边缘化了，因为敬虔教会与正统派教会间的冲突，作为柏林中央政府与地方政府贵族势力对抗的一部分，国王在这场斗争中渐占上风。然而，匡特及其追随者的影响力还是不容小觑。不过，尽管敬虔教会的势力直到1740年还在不断增长，但却始终无法大获全胜。

哥尼斯堡大学发展史的另一个重要转折点是1732年8月，舒尔茨取得哥尼斯堡敬虔教会的领导地位，沃尔夫哲学再度被重视。博克在给戈特合德的信里兴奋地说："发生了什么事呢？舒尔茨出现了"，"沃尔夫哲学已经从哈勒传到这里，并且歌颂不辍"。舒尔茨的一个学生说："这个博学多闻的老师，让我认识了神学的另一面。他把大量的哲学带入神学，以至于你不得不相信，基督与他的门徒都曾在哈勒当过沃尔夫的学生。"

博克在1736年写信给戈特合德说："一年半的时间过去了，我还是凑不足人数去开诗学讨论课。诗、戏剧以及其他非宗教性的消遣，被视为轻浮的、世俗的、'魔鬼'的，因此被打压得很厉害。一切的努力应以敬虔教会主张的灵魂提升为目标。"戈特合德在哥尼斯堡的另一个朋友、德语修辞学教授弗洛特韦尔（1711—1759）在1739年4月2日的信里描述道：

“神学系里一片狂热，这时连西班牙的宗教审判似乎都比它温和”。

哥尼斯堡的正统教派也极尽能事诋毁敬虔会，指控敬虔会领袖扎尔特尼乌斯与魔鬼结盟，让人觉得仿佛从启蒙时代倒回了中世纪。因为来自瑞典的扎尔特尼乌斯年轻时曾写了一封血书给魔鬼，情愿把自己的灵魂与肉体献给他以换取一个‘无底的钱包’。他把血书放在橡树下，但信不仅没有被投递到魔鬼手里，反而被一个农夫捡走并送到了官府。扎尔特尼乌斯被定罪并判处死刑，后来改判徒刑一个月。扎尔特尼乌斯离开瑞典来到日耳曼，在哈勒读完大学并皈依敬虔会后，首先做了哥尼斯堡孤儿院的督察，后为腓特烈中学督察，后在 1732 年成为逻辑与形而上学副教授。虽然正统派传教士让他丢掉工作的计划没有得逞，但这个事件在哥尼斯堡却引起了骚动，偏向正统派的沃尔夫主义者弗洛特韦尔就表示出了厌恶：“我们的神学系里充斥着偏见很深的人，如舒尔茨博士或是像基普克博士那样的蠢蛋，或像阿诺尔特博士那样自负并善妒的人，或是和魔鬼为友的戈特合德……”

康德 1740 年入学时，哥尼斯堡大学的情形大致如此。虽然腓特烈二世承诺进行改变，但进程缓慢，因为老师大多是敬虔会或接近他们的人。康德自始就清楚地意识到了这一点。

大学生活

1740 年 9 月 24 日，大学校长将“埃马努埃尔 · 康德”这个名字填入了注册名单，从那一刻起，康德摆脱了严格受控的宗教生活，第一次进入了钻研感兴趣主题的自由，且可以随心所欲支配自己的时间。他离开父亲成为大学成员，直属大学行政系统，但没有住进专门为穷学生提供膳食的宿舍。作为“学院公民”，可以享受许多特权，不仅有听课与使用大学设施的权利，而且不必接受城市或国家的直接命令。作为“知识”行会，不似靠自己双手劳作或靠买卖营生的层级，其位阶接近贵族，有免征入伍保护的权利。

即将注册的新生，必须宣誓对大学与国家忠诚及对基督教的热爱，这意味着天主教、犹太教或改革教会的学生无法宣誓入学。因为他们相信，只有路德教徒才热爱基督教。但从1740年后，改革教会信徒也可宣誓入学了，而天主教徒与犹太教徒则继续受到歧视。另外，大部分学生注册前还需要通过系主任的考试并取得入学证书。当时，审核入学资格的人是舒尔茨，他的标准可以概括如下：（1）至少有能力解释诸如库尔提乌斯或《西塞罗演说选集》这样有些难度的作品，并作一小段没有文法错误的口头演讲；（2）略具拉丁语听力；（3）逻辑学则必须掌握三段论；（4）拥有地理、历史与信函书写常识；（5）至少能解释《马太福音》及《约翰福音》两部希腊文福音书及希伯来文摩西五书前31章。

由于康德毕业于腓特烈中学，对以上知识具有很好的基础，因而轻而易举就通过了考试。作为其他科系的基础准备，哲学是所有学生的第一门课。康德在上了哲学课后，改变了他在腓特烈中学最后一年的最喜爱的课古典语言学，开始专注于哲学。

康德最早认识的同学是弗勒默（1728—1797），他后来成了“康德的密友”，两人甚至有时住在同一寝室。由于康德具有突出的哲学天分，在弗勒默的鼓励下，康德收海尔斯伯格（1726—1806）为学弟，他比康德入学晚一年，康德并没有向他收家教费。海尔斯伯格说：康德“给我有关新哲学的书籍，并为我复习了阿蒙、克努岑与特斯科的课里面最困难的部分”。康德还为其他学生作课后辅导，受他帮助的人用其他办法回报，如回赠咖啡或白面包之类的奢侈品。弗勒默搬到柏林后，一个叫卡伦贝格的学生为康德提供免费住宿等协助。康德另外还接受舅舅里希特的扶持。舅舅是个鞋匠，在康德父亲1746年过世后，还收养了康德的弟弟。海尔斯伯格写道：康德十分节省，但不曾缺什么，虽然有时想外出，但衣服却还等着裁缝师修补。别的学生遇到这个情形可能会留在家里，但康德则会穿上借来的衣服、裤子或鞋子出门。如果衣服实在不能修补了，兄弟会便一起凑钱帮他买件新的，钱是有去无回，但没人记这笔账。

康德不太热衷学生的取闹方式，如，从不参加“拖鞋游行”——学生们围在教堂大门口，等年轻小姐们做完礼拜走出来时品头论足一番。对康德而言，学业比什么都重要，因此在高年级后，康德就有了低年级的追随者。康德不仅在学术上给他们辅导，而且在道德方面也有影响。在结束学业执教以前，康德便成了许多人的道德动力。海尔斯伯格说：“康德不好戏谑，甚至很少外出狂欢作乐，而与他接触的人都在言谈之间受到了潜移默化，有了同样的脾气。”

康德外表木讷严肃，不苟言笑，突然的大笑与意外的伤感更不符合他的天性。他有幽默感，但不是大多数学生习惯的那种粗口，他欣赏哲学作品里的幽默，因此他的笑话对大多数同学来说难以捉摸，而且他的玩笑是板着脸孔说出来的。在当学生时，康德就已把自制看作最高的德行。因此当有人批评他笑得不够畅快时，“他会承认那是个缺点，然后补充说，没有任何形而上学家的贡献大于鹿特丹的伊拉斯谟和著名的蒙田”，并推荐朋友们把后者的著作当作“经常性的读物”去看。蒙田对于学生时代的康德影响很大，康德甚至终生都对蒙田赞赏有加，虽然他不喜欢蒙田太喜欢标榜自己。

康德很喜欢台球和打牌。海尔斯伯格说：“台球是他唯一的娱乐，弗勒默跟我是他经常性的球伴。我们自己练出精湛的球技，很少空手而返，像我的法文家教几乎都是用赢球的钱支付的。后来因为我们老是赢球，渐渐没有人愿意再跟我们比赛，于是我们放弃了这方面的收入，改成打翁布尔牌。康德打一手好牌。即使在休闲时，康德也不忘功利的考量。娱乐同时也是赚钱的方式。”在当时，对于像舒尔茨这样严肃的敬虔教徒而言，扑克牌无疑是“魔鬼的祈祷书”，是一条“直接到达地狱的道路”。康德对此却不以为意，相反，在一次人类学讲课中，他说，打牌“可以修身养性，让人情绪稳定，习于容忍克制，因此对道德修养有所影响”。

康德为海尔斯伯格和弗勒默阐释了他对日常生活与修身养性的看法：

人必须敞开心胸接纳一切科学，不应有所拣择，即使是神学也不应排除，即使不打算靠它吃饭，也应予以研习。因此，康德他们去上了舒尔茨开的课。这位受人尊敬的先生经常考试，而他们的成绩也都很优秀，因此在上完最后一堂课时，这位著名的老师把他们三个留下，问他们的名字、懂哪些语言、老师是谁、将来想主修什么系。康德说他想当医生，于是他问："那你们为什么来听神学的课?"康德回答："只是因为求知欲。"他于是说："如果是这样，我不反对。但如果你们在毕业前改变了想法，选择传道者的圣召，可以放心来找我，希望到都市或去乡间任职，都可以任君选择。这点我可以向你们保证，而且只要我还活着，我就会信守承诺。现在让我们握手，你们可以放心离开了。"

康德入学两年后，再次上了舒尔茨的课，但动机则是纯哲学性的。康德像大部分学生一样，最喜欢上哲学课。这些课程包括逻辑和形而上学及伦理学与自然法。在康德的学生时代，哥尼斯堡哲学系有八个正教授，还有几位副教授与讲师。他们教授的科目，从希腊文、希伯来文、修辞学、历史到逻辑与形而上学、实用哲学、数学与物理学，应有尽有。因为哲学课只是设计给高等科系的预备课程，因此很少有学生追求哲学学位。物理学教授每年开一两个学期不等的理论物理与实验物理，而诗学教授则开修辞学与历史课。

亚里士多德主义者格雷戈罗维乌斯（1681—1749），尽管对当代哲学很理解，但主要志趣在于为亚里士多德道德哲学作辩护，因此对抗当代哲学及伦理学。他在1741年《周报》里写道："我无法否认自这个世纪初以来出现了无数的新体系，以致亚里士多德哲学被如此贬损矮化"，以至"连一条狗都不会来叼亚里士多德主义者的面包，就算它已经饿了五天了"，"公众对于古代思想的鄙弃，使得我也很天真地放弃亚里士多德。接下来我不得不日日吸收新出现的体系，才能把它们教给只对最新的哲学有兴趣的年轻学生"，尽管"没人会比我有更多的听众、更大的掌声。在我对持续不断的变化感到厌倦以后，我开始逐一比较新学说与古典学说。然后我发现浅见者对无辜的亚里士多德的恨意与鄙弃，也降临到我自己的身上。”格雷戈罗维乌斯为了替亚里士多德进行辩护，即使学生变少也在所不惜。由于格雷戈罗维乌斯的学术取向与康德腓特烈中学以来的一贯看法有明显差异，康德在《道德形而上学》中指出，古人可为今人之师，然而“认为古人必然比今人有德有能，则是愚昧的错乱”，因此“若有人不尽一切可能为古人辩护，让他们免受攻讦、诬告与污蔑，则责其失德并不为过。”

第二个正教授是基普克（1692—1758），由于他是敬虔会老教徒，所以不太接受沃尔夫哲学，但他是个骑墙派，摇摆在亚里士多德与敬虔会之间。他在1731年的课程简介里说，他可以根据学生的要求以“经过检验的逍遥学派（亚里士多德）的方法为基础，或者是以布德或瓦尔希的方法为基础”。布德与瓦尔希是托马修斯的两个最重要门人，而托马修斯则是沃尔夫以外德国启蒙运动的另一个奠基者，住在哈勒时受到敬虔会影响。布德与瓦尔希则是彻底的敬虔会信徒，敌视沃尔夫哲学。基普克逻辑课选读的是拉伯的亚里士多德主义教材《哲学课程》。由于康德执教的前几年就住在基普克的家里，因此康德的《纯粹理性批判》关于“辩证”与“分析”的划分就受到了基普克1729年《用于哲学理解的辩证与分析的科学述要》的启发。

诗学与修辞学教授博克，是戈特合德的好友，他对哲学有兴趣但不是最关心的东西。他反对敬虔会，最重要的因为是他们阻挠学生修诗学课。

比前三者更重要的是1730年成为数学副教授的马夸特，直到他1749年去世为止，他所开的逻辑课与形而上学课十分受欢迎。在1722年的博士论文里，他以莱布尼兹的“预定和谐”来解释心身关系。在这个时期，只有三个体系可以解释实体间关系，第一个是物理论，把世间“万物”归于宇宙“始基”，被归类为亚里士多德主义，涉及洛克哲学。第二个解释是“偶因论”，把实体归于上帝，被归类为笛卡尔主义，代表人物是马勒伯朗士。第三个是莱布尼茨的预定和谐论，认为心物各系统和谐变化，上帝则是间接原因。沃尔夫与敬虔会教徒正是因为这个概念发生了冲突，导火线则是他于1720年发表的《关于上帝、宇宙和灵魂的理性思想》，在讨论人类心灵的章节里，他“意外地导出了莱布尼茨的理论”。尽管沃尔夫审慎而略有保留地支持莱布尼茨预定和谐论，不把预定和谐论视为绝对真理，而只认为是最缜密的假设，但沃尔夫还是招致了敬虔会的攻击，认为普遍和谐论与自由意志冲突，而自由意志恰是基督教的信仰基础。

马夸特则不似沃尔夫那样退缩，坚持认为上帝创造世界必定是所有“可能世界”最好的一个，因此在心灵与物质或实体与现象间必定建立对应关系，由此关于物体的现象可从心灵自身去解释而不必求助于上帝，因为心灵可自己产生表象。为了证明预定和谐论并驳斥偶因论及物理论，马夸特除提出“先验论证”外，还辅以“后验论证”。作为严格的沃尔夫派学者，他自始至终反对舒尔茨领导的、在哥尼斯堡渐趋流行的、披上沃尔夫理论外衣的敬虔会观点。

另外更重要的教授是拉波尔特（1702—1753）、特斯科（1704—1722）、阿蒙（1696—1742）及克努岑（1713—1751）。拉波尔特兼任物理教授，倾向于沃尔夫学派，也深受英国思潮影响。拉波尔特受教于哥尼斯堡第一位沃尔夫主义者克罗伊施纳及敬虔会深恶痛绝的费舍尔，拉波尔特因费舍尔而放弃了神学，改修物理学，公开反对敬虔会。由于敬虔会较欣赏的特斯科在1729年升为物理学正教授，虽然他只学了两年物理学。拉波尔特在1728年致戈特合德的信中失望地写道：“在这里，知识不值一文，重要的不是在学问上下了多少工夫，而是有没有学会哈勒那一套。”拉波尔特1729—1730年间在英格兰进修物理与数学，1731年获得法兰克福大学硕士学位，1731—1732年教授英语、英国文化及英国哲学，因为经济因素同时开了关于薄柏的课。康德对薄柏的兴趣就是在这个时期产生的，至于他后来认识薄柏也是经拉波尔特的介绍。康德与英国哲学的接触也许也受他影响，因为康德在1741年已经开始辅导海尔斯伯格等人关于阿蒙、克努岑与特斯科的授课内容。

阿蒙是数学系讲师，起初是亚里士多德主义者，在康德上大学前就已向沃尔夫靠拢。他在1737年发表的《初学者治学基本概要》，浓缩了哲学训练的必要课题。由于它是折中主义的著作，既不偏向亚里士多德，也不偏向沃尔夫，所以在哲学课程中被采用为教科书。由于阿蒙死于1742年，康德不可能做过很多有关他课程的辅导工作。然而透过阿蒙，康德可以对亚里士多德有相当的掌握。克劳斯对阿蒙的评价不高，看过他的数学论文后，也大叹“外行”。

特斯科教授理论物理与实验物理，他没有像拉波尔特那样受过严格的科学训练，他之所以能爬到这个位子，是利西乌斯及罗加尔支持的结果，因为他与敬虔会关系密切。博罗夫斯基对他十分赞许，认为他是个好老师，也是个好人。康德攻读硕士时，特斯科说他从康德的论文里学到了不少东西。博罗夫斯基说，康德非常怀念他，但对内情知之甚详的克劳斯则表示，康德“对特斯科的评价不高”。

特斯科主要研究电学问题，据说是最早主张“电火”与闪电是相同“物质”的物理学家之一，而且他还得意地认为，他的实验“证明了电在医学上的用处”，他还以“穷毕生之力”收藏的243件“物理与数学仪器”为荣。劳松曾写一首不甚成功的诗描述特斯科如何用仪器得到叹为观止的效果：利用电荷产生热、火花、闪光，让学生触电，让酒精起火或让铁线在水中烧得通红。

康德被特斯科的电学研究深深吸引，并以此作为论文的主题。康德的硕士论文题目是《简述几个关于火的思考》。康德不只是参考资料来自于特斯科的指点，其内容也以他的假想与计算为依据，其观点也没有超出特斯科对电与火本质的基本看法。但特斯科作为康德的指导教授，对康德很赞赏，宣称他从康德的论文里学到了东西。

克努岑是哥尼斯堡最有名望的哲学家之一，许多学生都以跟随过他为荣。哈曼就在他的自传里自豪地说：我在著名的克努岑门下学习完整的哲学和数学，听过代数的私人课程，也曾参加由他所发起、却没有成立的心理学暨神学协会。虽然康德在他的著作里没有提到过克努岑，但博罗夫斯基认为他对康德的影响最大：“在所有的老师当中，克努岑是最重要的一个。克努岑为他（康德）及其他学生指出了方向，但不是要让他们依样画葫芦，而是让他们有朝一日成为独立的思考者。”克劳斯甚至推测认为：“公元1744年出现的彗星，激发了康德的天分，使他得到了写《自然通史与天体理论》一书的灵感，而克努岑便曾就此写了一本专著”，克努岑是唯一“可以启迪他（康德）的天赋的人”。

康德进入大学之际，克努岑是教逻辑与形而上学的年轻副教授，他是阿蒙与特斯科的学生。1734年，21岁的克努岑完成博士论文口试，论文题目是《关于心身互动的哲学评论：以物理影响论的观点阐释》。由于他是舒尔茨路线的敬虔会教徒，因此在表达了对沃尔夫哲学思路赞赏的同时，批判了沃尔夫哲学的很多观点。由此，他面临了一个难题：由于沃尔夫哲学依旧遭到官方禁止，因此在正统派抗议下，他论文拖了一整年才得以公开演说。虽然他的哲学议题大部分承袭沃尔夫，但克努岑并非真正的沃尔夫主义者，他的基本立场是基督教的。由此，他的博士论文便以处理敬虔会与沃尔夫学派的主要争端即心身关系为己任。他认为莱布尼茨的预定和谐论和偶因论同样谬误，唯一可接受的是物理关系论：物体由简单、不可分割的最小元素构成，心身互动，不是属性不同的实体间的互动，而是简单元素间的互动。

在他稍早的硕士论文里，他攻击沃尔夫哲学的另一主张，即世界自永恒以来即已存在。对于克努岑及路德会教徒而言，世界是上帝设计和创造的，且有其特定目的，不可能永恒。他的敬虔会信仰基本是施佩纳和弗兰克路线，即使是竭尽所能把克努岑解释为沃尔夫主义者的埃德曼也承认，他的思想同时受英国与德国思想影响，其“精神方向上直指英国的怀疑论与唯心论（原文如此）哲学”，其观点较接近英国而非德国哲学，洛克及其学派对克努岑的影响大于沃尔夫学派。戈特合德也指控克努岑在感觉问题上的讨论过于接近洛克。如同洛克一样，克努岑认为，内在与外在感官是一切知识的基础。如果没有感官为我们提供经验材料，矛盾律就不可能帮助我们得到任何知识。克努岑读过洛克的《人类理解论》且非常重视，他上课时常引述洛克，也建议学生阅读其作品。他在去世前仍在翻译洛克的《论人类理解行为》。

1740年，即康德进大学那年，克努岑发表的德文作品《真实基督教义哲学性的证明》，使他在18世纪名闻遐迩。他在书中批判英国自然神论并为基督教辩护，特别驳斥托兰德、丘布与廷达尔。自然神论对基督教的威胁不亚于沃尔夫学派，所以敬虔会和正统派教会都对它口诛笔伐。克努岑的这部作品，不仅显示出他的观念根源于哥尼斯堡的神学讨论，同时也证明他对当时鲜为人知的英国哲学有深刻的认识。

《真实基督教义哲学性的证明》，从“我们有责任服从上帝”及“上帝必惩罚作恶者”的“定理”与“我们都因不服从上帝而有罪”的“经验命题”出发，推出“所有的人死后将受严酷的惩罚”的推论。因此，我们需要“救恩”，我们只有被告知如何得救，才能得救，“天启的必然性奠基于救恩工具的必然性。”克努岑接下来证明，既然天启存在，那么基督教天启就是唯一的。克努岑以类似方式还证明“三位一体”等教义，不仅证明了基督教的真理性，还进一步确认了路德派的唯一真理性。廷达尔评价说：尽管克努岑这本书用的是沃尔夫的方法，但在精神上却与沃尔夫哲学大相径庭，而我们只需自然宗教是错的。

博罗夫斯基说，由于克努岑的学说非常流行且受欢迎，于是克努岑因“优秀的头脑”而成了康德最喜爱的教授之一，因此康德“从不间断地上他的哲学课和数学课”，包括克努岑第一学期开设的逻辑概论及辩论课，第二个学期的高等逻辑和高等数学及辩论课，第四学期的实用哲学课。

接下来，康德分别上了理性心理学、自然哲学、自然法、修辞学、记忆术、代数及数学里的无限分析等。康德还上了特斯科的物理课与阿蒙的数学课。第三学年上了舒尔茨的系统神学，包括“神学：正论与反论”，以辩证的方式介绍基督教的教义。康德后来所使用的“辩证法”就与此有关。他与弗勒默一起还听了天启神学课。康德还上过拉波尔特、马夸特与格雷戈罗维乌斯的许多课程。

1743 年，出现一部匿名为《基督教上帝之友》的作品，书名是《关于自然的理性思考：什么是自然？若无全能的上帝予以限制，它将如何无助?》，其作者是当时臭名昭著的费舍尔。他在公开承诺信守真实信仰后于 1737 年回到哥尼斯堡，以沃尔夫及莱布尼茨为出发点，坚持斯宾诺莎主义立场，挑战敬虔会与正统派教会。由于一位神父在新年弥撒里公开反对费舍尔及其新作，使得这本书顿时成了畅销书而引起轩然大波。神学家们看了这本书后，不仅对斯宾诺莎主义的理论进路深感烦恼，对费舍尔关于三位一体的解释更是不满，因他否认基督既有人性又有神性。由此，费舍尔不仅丧失了领圣体圣血的资格，同时连给自己孙子当教父都得不到获准。他的书不仅遭禁，有人甚至建议他转投改革派教会。奇妙的是，采取镇压行动的是正统派教会而非敬虔会，敬虔会不仅不反对正统派的行动，甚至暗中支持，因为他们在反对费舍尔的观点上是一致的。

但是，费舍尔未受到任何人身伤害，因为腓特烈二世支持宗教自由，实质上他本身已成为无神论者。腓特烈二世年轻时，尽管因在伏尔泰面前赞许沃尔夫《关于上帝、宇宙和灵魂的理性思想》是“打开世界一切秘密的钥匙”而遭到过伏尔泰不顾圣尊的纠正，但他还是摆脱了宗教玄想而偏好法国哲学，比任何沃尔夫学派更加怀疑主义和犬儒主义，对于宗教争端甚感无聊。此时，单纯的宗教中伤再也不能像以前那样可以演变为宗教审查和迫害而置人于死地。只要顺从法律，安分守己，普鲁士国王便不会介入。但是，宗教争端与哲学支持者的冲突却依然继续存在，一个小小的借口便可能激发出白热化的肉搏战。

康德很关注费舍尔作品引爆的冲突，因为他们的关切相去不远。尽管他对费舍尔自诩完成了一部反击“无神论者、自然主义者、伊壁鸠鲁主义者、斯多葛学派和那些对于神以及经由受造物显现的正确认识的随想家”的力作不敢苟同，但他完全同意费舍尔拒绝承认神学为其作品正当裁判的理由："我纯粹透过经验并凭借理性建立的哲学体系"，必须由哲学家与科学家来评判而不是神学家。不久，康德也提出了类似的哲学体系。

1744 年，还发生了另一起引起震荡的冲突。1738 年克努岑曾预言，一颗曾出现于 1698 年的彗星将于 1744 年冬季再现。当这颗彗星的确出现时，克努岑顿时成了哥尼斯堡声名远播的"伟大天文学家"。克努岑于 1744 年出版《关于彗星的理性思维：彗星的本质与特性及其运动之研究与阐释，附今年一颗重要彗星的简介》，克劳斯说，这本书唤起了康德对科学的兴趣，康德 11 年之后出版《自然通史与天体理论》就是受它启发。

但几乎与此同时，疑云很快袭来。欧拉在一封致克努岑的信里与一篇 1744 年年末发表的文章里声明，克努岑预言的 1744 年与 1698 年的彗星并不是同一颗，那颗彗星"至少要四五百年"才会重现。这无疑暗指克努岑物理学的掌握不够透彻。然而，对于大部分人以眼见为实的平庸之见而言，这项否证似乎没起多大效果，人们不认为克努岑是错的。因此直到克努岑逝世时，一首挽诗还将他与牛顿、莱布尼茨、洛克、笛卡尔与贝尔相提并论。

不仅如此，克努岑的这本关于彗星的著作对神学产生了深远影响，如《彗星、大洪水与最后审判序幕初探：从天文学原理与圣经出发》这篇论文，就是对他的响应。作者海恩是威斯顿的门徒，他认为，古人视彗星为恶兆而很恐惧它，其实是有道理的。克努岑则反对这个观点，如对牛顿或沃尔夫一样，他认为彗星只是绕行太阳运行的小行星而已，有其固定且可计算的轨道，不必视为恶兆。因此克努岑批评海恩是耸人听闻，装神弄鬼。海恩则反唇相讥，说克努岑是个剽窃者：他的预言早在一年前便有人在《莱比锡学刊》发表过，并且克努岑并没有充分的证据证明 1698 年与 1744 年的彗星是同一颗。尽管克努岑与他的学生们回避海恩关于欧拉的引证，但由于克努岑确实不属于欧洲大陆那些了解科学特别是牛顿《数学原理》细节的"少数科学精英"，其数学特别是微积分贫乏也确实不足以处理物理学的技术问题。他仰赖的是机械论模型而非数学分析，也不愿对于自然科学与形而上学作严格的区分，其作为一个科学家，即使以 18 世纪科学发展标准来看，确实很有局限。

对于彗星的争议，使康德对天文学产生了强烈的兴趣。但是人们对克努岑关于彗星的口诛笔伐，使他在康德心目中的地位幻灭了，这从康德早期赠送给欧拉的作品里可以得到证明。

自然科学的短缺，在欧洲的大学是共同现象，因此康德注定无法在理论物理或实验物理中有什么原创性的贡献。博罗夫斯基与克劳斯认为，康德在 1744 年找到了自己的立场，“在进入大学四年之后……开始着手《论对活力的正确评价》”。博罗夫斯基同时认为，促使康德从古典语言学转入哲学的诱因是克努岑与特斯科，他们“启迪人心并且趣味横生的哲学课、物理课以及数学课深深吸引了康德”，把他带到了“哲学的荒原”。康德首先承认，一个无名作者胆敢批判牛顿与莱布尼茨这样的大家，的确很鲁莽，但这样的动作在以前或许有其危险性，但现在却适得其时，而我们“除了理智之外，不应服从任何其他的指令”。因此在下文中，他还提出自己对形而上学的看法：“像诸多其他科学一样，只是到达了真正彻底的知识的门槛”，“成见经常是其证明里的重要环节”，“我已抓到了方向。现在我将阔步前进，不再有任何阻拦。”

博罗夫斯基说：“克努岑善于评鉴人物。他发现康德是个优秀人才，在私人交谈中时而给予鼓励，后来又把牛顿的书借给他。因为康德甚为喜爱这些书，他甚至让康德随意借阅其丰富的私人藏书。”但资料显示，克努岑并没有将康德看作他最好的学生之一，因克努岑早期传记作者甚至没有提过康德是他的学生，他最钟爱的学生是布克（1772—1786），因他至少曾为克努岑主持过一次复习课，克努岑 1751 年死后继承其演讲课的也是布克，克努岑在学术上的书信往来也都由他经手。另一个比康德受礼遇的学生是魏滕坎普夫，克努岑让他在哥尼斯堡大学创校两百周年纪念时就“学院对国家福祉的贡献”发表演说，甚至亲自设法让这篇演说稿付梓。这或许可以理解康德为什么不喜欢魏滕坎普夫，他在《自然通史与天体理论》里以夸大的言辞攻击说，魏滕坎普夫用以否定世界无限性的论证只是证明了他对形而上学的贫乏。如此，康德等于间接地批评了克努岑。克努岑在与欧拉的通信中也提过不少杰出的学生，但康德的名字从未出现。由于不喜欢克努岑的“经验命题”，康德还于1744年着手撰写文章，对克努岑影响所形成的知识氛围进行了批判，批评克努岑的方法论是思辨的而非数学的。欧拉于1736年所著的《机械论或运动理论》，是以数学语言描述并解决机械动力学问题，而以克努岑的数学功底，要理解欧拉几乎是不可能的。

总之，在那个时代的德国，康德像大学里的其他研究者一样，以形而上学的语言来表述自然科学的问题。但从《论对活力的正确评价》可以看出，康德已经开始独立走上了自己的思想之路。康德晚年曾告诉传记作者，他从“年轻时代”便开始不断尝试“不为别人而活，而是为自己以及为自己的责任”的自主、独立的人，因“这个独立性是……生命愉悦的泉源”。

康德与他们的决裂始于1744年，因为：一是费舍尔事件及克努岑彗星理论，二是年底康德父亲中风病倒，于一年半后的1746年3月24日因“器官衰竭”而死。自此，康德的生活完全改变，当时，姐姐25岁，两个妹妹分别是17岁与14岁，最小的弟弟只有9岁。两个姐妹已离家在别人家帮佣，家里留下了最小的妹妹与弟弟。由于康德是长子，因此家庭重担突然落在他的肩上。妹妹勉强可以照应小弟，姐姐与亲戚都能提供援助。由于康德非常重视责任，他开始把很多时间用于家庭。但是，《论对活力的正确评价》的主要部分就是在这段无法定期上课的时期里完成的。他的书直到1746年他的父亲过世以后的暑期才送审。

1748年8月初，康德离开了哥尼斯堡。康德后来在一封信里写道，偿清一切债务后，家中财产已所剩无几，而出售父亲的房子、工具与装备及弟弟与妹妹的安排是相当耗时的工作。1747年，康德还修改、润色了著作的不少段落并写了献词，对象是哥尼斯堡大学医学教授博里乌斯。在很长的时日里，康德住在一个同学的宿舍里并得到他的帮助。此外，他的舅舅也予以支持。家中一切安顿好后，哥尼斯堡已经没有什么留恋了，因为他已看不到自己在那个大学里还有何前途可言。

针对康德这段经历，莱辛对此还专门写了一首揶揄的讽刺诗：

康德扛起了重担\打算教诲整个世界\孜孜不倦探索活力\却忘了自己的活力

由于莱辛的讽诗有欠公允，因此莱辛在其后来的新版作品中删掉了这首诗。但生活的困境和精神的困顿，确实让康德陷入了求索和思考。在《人类学》里，康德总结说：人运用自己理性的年龄是：（1）为实现所追求的目的，20 岁左右在技巧方面要有技能；（2）40 岁左右，在精明方面利用他人实现自己的目的；（3）60 岁左右这个最后阶段，在智慧方面以否定的态度洞见前两个阶段的愚蠢。他认为，自己在 22 岁就熟识了哲学技术，但还不很清楚它对他的现实生活有何意义。

家庭教师

据博罗夫斯基描述，康德“因为经济因素而从事家庭教师的工作。他首先受雇于于特申市的改革教会牧师安德施，接下来为住在阿伦斯多夫附近的许尔森工作，最后是在凯泽林克男爵家任教”。从事家教工作或“伴读”，地位不比佣人高到哪儿去。但这是赚取生活费的唯一途径。对于年轻的穷学生而言，如果没有推荐信，那么在成为牧师、教师或公务员之前的过渡阶段，当家教是唯一的选择。

不过，康德雇主选择的运气特别好，他在 1748 年秋到 1751 年秋在于特申工作，离哥尼斯堡不远，而安德施牧师属于新教的加尔文教派而非路德教派，对腓特烈·威廉一世任内来到普鲁士的法国胡格诺教派行使牧师职责。于特申是个富庶的城市，居民是胡格诺教派移民，牧师与法官都使用法语。安德施是在法语牧区的抗议声中担任牧师的，但几年后逐渐被接受，最后还博得了农民的好感。但是，安德施与路德教会之间一直有摩擦。

由于收入优厚，安德施为五个儿子提供良好的教育，而康德受雇教导其中三个，康德的学生之一蒂莫托伊斯（1736—1818），后来成了哥尼斯堡的酒商，也成了康德的好友。他的哥哥丹尼尔（1730—1802）离家在柏林上中学，后来攻读神学并成为哥尼斯堡新教教会牧师。康德在于特申两度应邀作了教父。安德施虽然不是大神学家，但他的讲道内容与哥尼斯堡敬虔会仍有明显的差异。由于路德教派与改革新教间的歧异很多，改革教成员不准参加大学宣誓仪式，但康德说服了改革教会里小孩的教父，这是件很不简单的事情。

在这个教区住满三年后，康德接受许尔森的聘用。许尔森是普鲁士爵士，在安斯堡附近拥有大片土地，这个乡镇在哥尼斯堡西南方约60英里处。在安斯堡，康德负责教导许尔森三个较长的儿子数年之久，他们一家人也对康德颇有好感，因此在他离开后与他一直保持着通信，还“邀请他参加家中重要的聚会”。康德1754年8月10日回哥尼斯堡之后，还赠了两本拉丁文、历史教科书和一些其他读物给两个最年轻的男孩，并勉励他们为1750年刚出生的“小弟弟”做个“好榜样”。后来，这个家庭中的两个儿子上了哥尼斯堡大学并寄宿在康德家里，康德还为其中一个儿子介绍了家庭教师。

不过，康德认为，自己是有史以来最差的家庭教师，而他“最不喜欢做的梦”便是再度担任这样的工作，因他认为教师职业对他而言“一直是最吃力的”的职业。但是，在这段当家教的日子里，康德磨炼出了上流社会的应对技巧。而且博罗夫斯基说，正是在这个时期，康德确立了他后来有些著作的大纲，还完成了部分草稿，同时开始撰写了短论。1754年，康德在《哥尼斯堡问讯报》发表了两篇论文，第一篇题目是《对一个问题的研究，地球是否由于自转而发生过某种变化》，刊载于6月8日与6月15日两期，该论文是对柏林科学院公开征奖论题的解答。这篇论文，是他后来标题为《宇宙论或根据牛顿理论试论宇宙的结构、星体的形成和它们按物质运动一般规律运动的原因》新书的前导。第二篇论文题目是《关于从物理学观点考察地球是否已经衰老的问题》，分六次连载，刊登于1754年8、9月。在此，康德试图“让这个问题与彗星脱钩”，因为彗星长久以来被许多人用作对特殊现象进行权宜性解释，其实，“就像地震与大火无法用来解释房屋为什么老化一样”，彗星与地球的老化无关。

1754年8月，阔别六年后的康德回到哥尼斯堡开始准备毕业论文，并着手第二部德文著作。在他不在大学这段时间，克努岑教授离开了人世，康德的同学大多已在校外找到了职位，而康德则一心一意想留在母校工作。此时，康德还负责照顾着凯泽林克家一个在哥尼斯堡大学上学的儿子。

同时，康德开始撰写计划中的新书，书名最后定为《自然通史与天体理论，或根据牛顿原理试论整个宇宙的结构及其机械起源》。康德心里明白，他的新书将对给拥护“信仰”的人带来威胁，因为明眼人一看便会看出其思想源自“卢克莱修及其先驱者伊壁鸠鲁、留基伯与德谟克利特”。但康德表示，他是“在确定无愧于宗教的义务以后，才作了动笔的决定”，“一切的困难我都看在眼里，但我并不因此胆怯。我感觉到阻挠的力量有多大，但我并不因此而退缩。”康德之所以敢义无反顾，因为他知道国王并不是为了“宗教的义务”而伤脑筋的那种人，因此康德还题名把这本书献给普鲁士国王。

不过，这本书的出版商后来倒闭了，法庭还没收了他所得的一切。当时，《自然通史》没有第一本书的影响大，引来的只是热衷者的嗫嚅之声，总共只有一篇书评。但是，康德很自信，并拟妥了在学院的发展计划。

第三章　由硕士到讲师

硕士毕业论文

1755 年 4 月 17 日，康德向哲学系提交了他的硕士毕业论文，相关手续费由舅舅里希特付清，论文题目是《简述几个关于火的思考》，是对特斯科若干没有引起一般人争议观点的讨论。通过公开考试，四个星期后，康德于 6 月 12 日得到硕士学位。据博罗夫斯基说，典礼上，“非比寻常地聚集了当地的要人与学者”，且“礼堂中静穆的气氛显示了这位硕士多么受到礼遇”。当年把康德名字填入注册登记簿中的哈恩教授作了题为“关于旧犹太的学位头衔：拉布、拉比与拉本”的演讲。康德则任凭 了题为“论哲学简要和深入的介绍”的致辞。哈曼在写给弟弟的信里要求为他寄来一份康德的毕业论文，因为康德是个具有“聪明的头脑”的人。

为了满足执教资格条件，康德必须提交另一篇论文，为此康德作了《对形而上学认识基本原理的新解释》的论文，口试日期是 1755 年 9 月 27 日。口试中，他尝试回答以下问题：“真理的可能性的根本基础是什么?”或“什么是使其他事物为真的前提?”康德批评了莱布尼茨与沃尔夫对“矛盾律”与“充足理由律”两个最重要原理是否能构成真理基础的论述。在这部论文里，康德力图通过描绘“活力”的“形而上学根基”来克服“粗糙的物理影响论”与莱布尼茨“先定和谐”理论的缺失，和谐不是“预定”的而是产生于“事物之间的相互关联”。

《自然通史》

由于康德在学院的声誉，因此在“朋友的忠告下”，康德1755年出版天体演化学通俗作品《自然通史》。其实，1751年康德在《汉堡自由评论》里读到一篇托马斯·赖特评论杜哈姆的宇宙理论的文章后就开始写作该书的一部分。康德《自然通史》力图阐明的是：我们如何只凭借机械论原理即牛顿原理来解释世界的产生。康德没有假借任何神学原理来解释自然，而是提出了机械论创造观，他用物质与力来解释世界。康德认为，“上帝的存在的直接结论”意味着有一种基本物质，在刚开始时却是静止不动的，它遍布整个宇宙，并自始就拥有上帝所赋予的完美倾向。物质世界的“第一个运动”，不应直接由上帝造成而应源于自然本身的力量。

康德甚至还推测，我们不是宇宙中唯有的居民，其他星球上也存有智能生命。虽然康德并没有质疑基督是否也同时为外星人而死，每个星球上或必须分别都有十字架，但这样的问题却给哥尼斯堡的读者造成了巨大的冲击，因为他已经跨过了“神学行为规矩”的“红线”。但康德认为，以上帝构造或“充足理由律”为前提的神学，并不属于物理学的研究范围。据此，康德提出了一句豪迈的誓言：“给我物质，我就可以建构出一个世界!”

由于当时学术著作的特征是：要不仅处理形而上学问题，要不就是形而上学在物理学上的应用。由于《自然通史》是为一般读者所写，处理的主要是物理学的“物质世界起源”问题，形而上学则退居幕后占次要位置。因此有些哲学史家认为，《自然通史》违反了正式拉丁文著作的学院化主张。康德的《自然通史》与拉普拉斯1796年发表的理论观点相似，因而，19世纪，该理论被称为“康德—拉普拉斯原理”。然而，这个思想在康德有生之年并没有激起很大的反响，尽管存在因出版商破产而导致的大部分书被销毁的原因，其实保存下来的部分也没有激起多大波澜。

讲师生活

康德有了硕士学位和讲师资格后，可在大学开课了，但大学没有付他薪水，他只靠学生支付的钟点费生活，收入多寡完全看他能吸引多少学生。由于缺少教学经验和名声，这种维持生活的方式并不轻松，因此很多讲师都不得不靠兼职来补贴收入。

讲师授课与讨论课并不在大学讲堂里而在私人或租来的讲堂里进行。博罗夫斯基对此描述说：“我在1755年听了他首次的讲课。当时他住在基普克教授位于新城的家里，有一间宽敞的讲堂，学生挤到了前厅与楼梯，康德似乎有点尴尬。他不太习惯这种场面，因而有些慌张，讲话的声音比平常更小，并且不停地更正自己。但正因为如此，我们对于这个据说学问最渊博的人的印象更加鲜活，不觉得他是害怕，而是觉得他很谦虚。在接下来的几堂课里，他就很不一样了。他的讲演从那时间开始就不只是鞭辟入里，而且生动有趣了。”

所有教授与讲师授课，都必须以一本教科书或“概要”为本，有些人只是照本宣科，康德则不拘泥于教本，“他只是依据教材排定的顺序，以别人的标题讲述自己的观点与理论。他也时常脱稿演讲”，而所补充的观点“总是非常有趣”。他习惯以“等等……”的口头语把离题太远的话收回来。康德在讲演里喜欢展现他的“冷笑话”而从不提示笑点在哪里，而他也“几乎从来不笑”，“甚至在讲完有趣的轶事，引起哄堂大笑以后”，他还是一副“冷面笑匠”的样子。

由于康德从一开始便成了颇受欢迎的讲师，因此他的讲课座无虚席，收入也自然较多。1757年2月，林登纳在一封信中问道：“当地的宗教法庭没有去作弄康德硕士吗?”哈曼的弟弟答复说：“康德硕士在此很舒适惬意。他无声无息地带走了口沫横飞的沃森的学生，用真才实学削弱了这个华而不实的年轻讲师的掌声。”

康德的理论兴趣，从博罗夫斯基的叙述可以略知一二：“在我追随他的那几年里，哈钦森与休谟是他最推崇的思想家，前者因其伦理学的贡献，后者因其深入的哲学探索。他从休谟那里得到了新的思考动力。他建议我们仔细阅读这两人的作品。习惯上，他对旅游方面的书很有兴趣”，“康德不错过任何充实人类知识宝库的好作品”，“唯一的例外是对于一切的神学课，特别是解经学和教理神学，他一直敬而远之……他曾提到多年以前读过施塔普费尔的神学基础。他在这方面的知识范围，仅限于1742—1743年舒尔茨的教理神学课程。施塔普费尔的书也是在那个时候问世。康德对于哈钦森与休谟的兴趣与当时的思潮相符。休谟《人类理解研究》德文版于1755年发行，而莱辛所翻译的哈钦森《道德哲学体系》则出版于1756年，德文书名为《理性伦理学》。在柏林，门德尔松等人当时对于哈钦森与休谟的兴趣，与在哥尼斯堡的康德等人大致相当。”

为了赚取足够的生活费，康德必须上很多课。在1755—1756年上学期，他讲授逻辑、形而上学、数学与物理。1756年下学期，又增加地理课，接下来的新学期，又开设伦理学，每门课总时数未少于16小时，最多24小时。

康德的形而上学课所采用的教科书通常是鲍姆加登于1739年出版的《形而上学》。逻辑课的教科书是迈尔于1752年出版的《理性论摘要》。鲍姆加登是沃尔夫学派中最贴近莱布尼茨者，而迈尔则是鲍姆加登的门徒，就是说，康德主讲的课大致以激进派的莱布尼茨和沃尔夫哲学为基础。在康德使用过的教科书里，通常会夹一些空白页写上自己的笔记，空白页写满了，便在边缘上作注记。这些教科书有部分被保存至今，对于后人探索康德的思想发展过程很有帮助。博罗夫斯基说：“有时他还会另外携带笔记本，记录他的旁注。”他伦理课使用的教科书一直都是鲍姆加登的《伦理学》。他上学期的课是机械论、流体静力学、气压测量学、水力学，在下学期教授算术、几何、三角，有时他用沃尔夫的《数学入门》（1710），有时则用简明版《数学入门摘要》（1713）。物理学与自然科学课教科书是埃伯哈特的《自然学第一原理》（1753）。

尽管如此，“在初任讲师的几年当中，他授课的收入十分微薄”。他虽然有 20 块金币作“依靠”，但不曾动用过，反而还卖掉了一些藏书。他的同一件外套直到穿破为止，以至朋友们要集资帮他买件新的，但被他谢绝了。

由于赢得了好老师的名声，在经历了两三年的困苦后，康德的经济拮据状况开始好转。博罗夫斯基提到，在 1757—1758 年间，康德可以获得“非常丰厚的钟点费”。他自己也对某个出版商说，他的收入可以“绰绰有余”地付得起两个房间、一张“好桌子”，好的饮食，甚至可以雇一个仆人，那是他“一生中过得最舒适的几年”。但是，康德倚赖经常性的授课收入，不可能有多少积蓄。因此，他后来劝告贝克说：“仅靠讲课的收入维生，是会穷一辈子的”。

1756 年，由于克努岑的逻辑与形而上学教职必须需要递补，康德致函国王申请这个位置，说哲学是他“最重要的专业领域”。但是他并没有获聘，甚至他的信似乎也根本就没有被送到柏林，只作存档而已。接着，康德开始谋求克奈普霍夫地区学校的教职以改善收入状况，结果也“没有通过甄试”，委员会录取了卡纳特。

比康德年轻半岁的基普克，是康德在腓特烈中学与哥尼斯堡大学的同学，但与康德不同的是，他很早就在大学里得到了教职，1746 年获聘东方语言系副教授，1755 年晋升为正教授。除东方语言专长外，基普克还开英语课，他 1755 年翻译的洛克《人类理解论》，是对康德产生重大影响的作品。

丰克也是康德的朋友，他开了法理学课，但他生活放荡。希佩尔作为丰克的学生，声明自己从丰克那里学到的东西比从其他有名的老师那里还多，因为他必须靠讲课过活，因此教书比其他人认真得多。当时我们就已察觉那些兼职的先生们，除了家中的太太以外，在外面还有一名甚至数名小妾。我的好丰克也不能免俗，他娶了当时十分有名的克努岑的遗孀为妻。然而他的课却清纯得有如神职人员的婚姻。显然，丰克不只受学生们喜爱，也很受“小姐们”欢迎。

康德与他的朋友们各有不同的兴趣，但他们的圈子与敬虔会都没有什么往来，甚至与保守派的沃尔夫主义者也保持着距离。他们的观念和生活方式不拘形式，因此在那几年中，“康德并没有受严格的礼教所束缚，做了许多纯粹只是好玩的事。”

1757 年，由于瓦西安斯基去世而导致教职空出缺位，康德在 1757 年 10 月 11 日成功申请了学校教职。

俄国占领期：爱真理也爱社交

1756 年 8 月 29 日，腓特烈带领 61 000 名士兵开进撒克森，耗费巨资的“七年战争”拉开序幕。普鲁士军队在大耶哥斯多夫一役败给了俄罗斯，只好放弃哥尼斯堡，所幸战火没有烧到哥尼斯堡。1758 年 1 月 22 日，在所有教堂钟声齐鸣之下，俄罗斯将领费莫尔抵达哥尼斯堡，进驻普鲁士元帅不久前离开的城堡。市政府、市民及贵族代表一同献出城市钥匙，开始了长达五年的俄国占领期。俄罗斯进驻不久，哥尼斯堡所有官员都必须向伊丽莎白女皇宣誓效忠，俄国总督跟着走马上任，俄国货币与假日旋即也被引进。

哥尼斯堡对俄国的占领也有反抗，但大部分来自神职人员，因俄国人与哥尼斯堡人联姻后使得原来的教徒几乎都改宗为东正教，而且，他们也不认同俄国人的生活方式。如，每当有俄军战胜消息传来时，就得举行感恩弥撒或庆祝活动。由此，城堡教堂传道者阿诺尔特在讲道时因曾引“弥迦书 7：8”说：“我的仇敌啊，不要向我夸耀，我虽跌倒，却要起来”，他以藐视皇室罪被起诉并判处火刑。虽然他同意收回他的话，但却没有了机会，因在指派举行的弥撒里，一群学生趁机大喊“失火了”而导致现场一片紊乱。再如，由于皇家日耳曼协会的会长皮萨恩斯基忘了把会议室门上的“皇家”两字拿掉，协会被禁，图书馆也必须搬离公共建筑物。

但整体而言，哥尼斯堡没有因占领军而有太大的改变，甚至还受到善待。普鲁士官员继续办公，薪水不仅比照从前发放，而且资金变宽裕了，消费还有所增长。康德的一个旧识说：“普鲁士真正的富贵是在俄国占领后才开始。”于是，哥尼斯堡的社交生活丰富起来，许多因替俄罗斯士兵供应物资而致富的商人开办了大型宴会，哥尼斯堡“成了一个消遣颇多的所在”。一些人视这种“人性化”过程为“道德沦丧”，但另一些人则认为是一种解放。由于俄国人偏好一切“美好有礼”的事物，贵族与平民间强烈的对比趋于平淡，由此俄国的上流人士改变了当地的社交气氛，日常生活中充满了情调。在有钱人家里，法国厨艺取代传统饮食，喝“潘趣酒”成了时尚。晚宴、化装舞会及其他在哥尼斯堡从未见过并且令宗教人士皱眉的娱乐，逐渐被广为接受，整个社会变得更加“人性化”。

俄罗斯人对大学及其成员特别礼遇，部队长官时常还去听课，教授也被邀请参加宴会或舞会。虽然有些教授与俄国人保持距离，但另有一批则与他们渐趋熟悉。康德就属于后者，虽然他没像诗学讲师沃森一般奉承献媚，但也应付自如。

这个局势还为康德带来了好处：首先，财务状况获得改善。许多军官不仅来上他的课特别是数学课，而且还私下向他学习。不仅钟点费给得很大方，而且康德还常受邀参加他们的晚宴。其次，他在许多次派对中，结识了俄罗斯的军官、成功的银行家、富有的商贾、名流的人士等，特别是凯泽林克伯爵家族交游圈，其雍容华贵的夫人、小姐成了康德“理想中的女性”。由于伯爵们担心难免与俄国人冲突，举家迁离哥尼斯堡市区而搬到郊外去住，然而事实证明，俄国人对于恭维漂亮的女伯爵和参加他们派对的兴趣，远大于找他们的麻烦。康德与凯泽林克家族发展出了特殊的友善关系，以至于他们要求康德到他们的别墅去教导其中的一个儿子，每次由他们派马车来接他去上课。据克劳斯说，康德在回程中，用充分的时间反省了自己早年教育与上流家庭教育的差异。

凯泽林克家族有浓厚的文化兴趣，特别在音乐方面。官邸中有富丽堂皇的家具、瓷器及绘画装饰。女伯爵对哲学颇有兴趣，曾把沃尔夫的著作译成法文。为此，康德一开始就得到了伯爵的赏识，在经常受邀参加的聚会上，康德几乎每次都坐在女伯爵右上首尊崇的位置。康德与他们一家人的关系，持续了 30 多年，他非常尊重年纪比他小三岁的女伯爵，在她于 1791 年辞世后，康德在其《人类学》的一个批注里称她为“女性中的璧玉”。由于康德与女伯爵间的阶级差异如此之大，以至于罗曼蒂克的念头没有浮现的可能。不过对康德而言，女伯爵则代表他的婚姻对象的理想典型。

康德以温文尔雅、机智、幽默在社交场合崭露头角，人称其为“优雅的硕士”。康德非常重视外在打扮，因他认为“不让任何人因自己产生不快甚至怪异的印象是做人的责任”。他的座右铭是：“宁愿当体面的傻瓜，不做丢脸的傻瓜。”康德认为：“大自然不会创造出任何碍眼的事物；她所选择的颜色永远彼此搭衬”，因此衣着颜色以花朵为借鉴，褐色的外套必须配黄色的背心，直到晚年康德还喜欢混色衣服。因此那时，康德的穿着讲究，外套镶有金边，还佩带一把纹彩短剑。他的装扮显然有别于敬虔会外观朴素非黑即灰的同事们。1791 年，有位丹麦诗人表示，喜欢“康德宁愿穿着优雅过度也不愿随便”的态度。

康德的面容很有魅力：“他的头发是金色的，脸色清朗，即使到了晚年，两颊仍然红润。”他的双眼尤其迷人，因此有人诗情画意般地赞叹道：“我应该到哪里去寻找适当的字眼来描述他的眼睛呢？康德的眼睛像是穹苍中的以太做的，心灵深处的凝视，仿佛穿透了薄云，温润地闪烁发光。我无法形容康德坐在我的对面时，低垂的眼睛突然抬起来与我四目交视的片刻，他的神情多么使我着迷。我总觉得好像透过这个蓝色的以太之火瞥见了密涅瓦最神圣的内在。”

但是，5 英尺 2 英寸（157 厘米）的身高及纤瘦的体格，使得康德的体型算不上健美。不仅如此，他的胸部还有点下陷，以至于呼吸不畅，身体也无法承受过度的负荷。他身体孱弱、易受感染，且带有过敏症，刚印好的报纸油墨都会让他喷嚏不止，偶尔还有气喘的毛病。其实，他在社交的场合上的卓尔不群，完全是因为他特有的智慧与机智的魅力。

虽然康德“与各个阶层交游，并且广结善缘”，但他从未忘记自己的出身。他在后来政治性著作里的共和理想，可以说源自他个人的生命经验。康德建议年轻的赫尔德，“不要计较他书中的文字，而是应该效法他的言行”。

尽管康德没有婚姻，但他除了是凯泽林克女伯爵最宠爱的人外，还跟许多女人成了好友。

海尔斯贝格说，尽管康德认为“婚姻是好的而且必要的”，但由于他“不是一个伟大的女性追求者”，因此始终没有踏进婚姻。据说“有个教养良好而且面貌姣好的寡妇从外地到此探亲”，康德曾有了与这名女子共同生活的愿望，但“他仔细计算自己的收入与开支，把最后的决定一天推迟一天”。后来，这个漂亮的寡妇又去拜访其他亲戚，在别的地方嫁人了。还有一个陪伴一位贵妇人从西伐利亚来到哥尼斯堡，这个女孩吸引过他，他“喜欢流连在她身边，并且也不掩饰自己对她的好感”，但他又迟疑了，以至她回乡都到了西伐利亚边境了，他还在考虑要不要向她求婚。此后，康德再也没有考虑过结婚问题，对朋友的献策也不感兴趣。如果他猜测到朋友可能有这方面善意的安排，就宁可不去参加聚会。据说，康德曾自嘲，在他需要女人的时候，他养不起；在他养得起的时候，他已经不需要了。

总之，在俄罗斯占领期间，大学生活一如往常。

康德的宗教见解

1758年基普克去世，留下了哲学与形而上学正教授的空缺，提出申请的人有，布克、弗洛特韦尔、哈恩、康德、蒂森与沃森。但只有布克与康德的名字被报到了圣彼得堡。起初布克被认为是最适当的人选，但由于时任大学校长的舒尔茨提出异议，康德与布克同时获得提名竞争。最后，得到这个职位还是克努岑的爱徒布克，因布克教学时间较长。舒尔茨在一次会谈后问康德："请您扪心自问：您真的敬畏上帝吗?"由此，我们可以确定，康德在舒尔茨的心目中比布克分量较轻。

康德与贝伦斯一次前去造访哈曼想说服他翻译法语《百科全书》的几篇文章，不仅无功而返，还触动哈曼写了一封充满火药味的回信给康德，试图说服贝伦斯与康德，基督教信仰乃是持之以恒哲学思考的最后必然结果，且引休谟的例子为佐证：理性无法使我们变得"有智慧"，只能让我们清楚地意识到我们的"愚昧与无知"。哲学只能导致怀疑论，而怀疑论则必然通往信仰主义立场。

魏曼（1732—1795）为了取得讲师资格，1759年10月6日，他进行了《论世界的不完美》的论文答辩，他是克鲁修斯热情的崇拜者。于是，康德在10月7日公布了他的课程预告，标题是"试对乐观主义作若干考察"。尽管康德开这门课的直接诱因是针对魏曼的论文，但康德对这个问题的关切却可以追溯到为参加1753年柏林科学院论文比赛而作的初稿。康德提出了一连串的论证，力图说明关于"实际世界"与上帝所创造"最好的世界"的争论。尽管康德没有公开提过魏曼的名字，但哥尼斯堡的人都知道矛头指向何人。因此魏曼也义无反顾地接受了挑战，在短短一个礼拜里就发表了答辩作品。接着，康德选择了沉默，并在10月28日致林登纳的信中陈述了沉默的理由：由于魏曼的论文大部分是在简述克鲁修斯的思想，而且没有人不知道他是克鲁修斯的门徒。

魏曼与康德在争取同一批学生，且魏曼占了上风。博洛托夫（1738—1833）听了魏曼的课，并透露说魏曼曾暗中拉拢其他教授的学生。此外，魏曼所教授的克鲁修斯哲学还有个特点，即“将任何接触过它的人，不管他愿不愿意，无形中会变成基督徒”。由于魏曼属于敬虔会，结果他的许多学生与原来的老师脱离关系，在跟随魏曼硕士一段时日后，成了其他教授的对手。

当康德不再回复哈曼关于儿童物理教科书的信时，哈曼觉得他是以对待魏曼的方式对待自己。他说这是对他的“侮辱”，并开始攻击康德：“您过于高傲，以致不愿告诉自己实话。”在这以前，哈曼曾预言，他与康德的关系要不就是变得十分淡薄，要不就更加密切。结果出现的是第一种可能。这种状况对康德产生了影响。康德开始觉得教书很有趣，但1759年10月以后却成了负担。

希佩尔1758—1759年上、下学期上了康德的“哲学与自然地理”与“形而上学”课。此前，他已听过布克的哲学课、特斯科的物理课、朗汉森与布克的数学课、基普克的逻辑课及博克的希腊文课、弗洛特韦尔的德语写作课及希伯来文课，另外加上几门神学课，他比较热衷舒尔茨的教义神学讲演。他对康德的教学没有深刻的印象，对他而言，康德除太深奥外，他的授课风格也很难为所有的学生所接受。晚年与康德成了好友的约翰·舒尔茨（1739—1805）也不承认自己是康德的学生，但熟知内情的博罗夫斯基却说，他是康德最好的学生，不过康德是在1770年以后才开始对他产生影响的。

回到普鲁士国王的统治

1761年12月25日，女皇伊丽莎白逝世，王位由头脑简单、一心向往普鲁士的彼得三世继承。彼得三世崇拜腓特烈，因此不但立即中止了同普鲁士的战争，而且与普鲁士结盟向丹麦宣战，因丹麦与荷尔斯泰因是世仇。1762 年，俄国人开始陆续离开哥尼斯堡，但部队仍驻在那里。6 月 28 日，凯瑟琳，即叶卡捷琳娜二世在情夫策动政变后成功掌权，由于新女皇保有占领地的意愿不大，命令已有数月未领饷的俄国士兵撤回俄罗斯，俄军指挥官立刻发布声明，表示俄军已再成为占领军。实际上，这等于解除了与普鲁士的联盟而退出了战局。俄国人撤走后，普鲁士高官又回来了。

博克在俄国人撤走的两天前过世，诗学教授职位由此出缺。现在，补缺的决定权回到了普鲁士国王手里。这次政权更替没有带来大的波动，康德把以前为俄国军官开的课程，现在讲给普鲁士官员。七年战争后，哥尼斯堡的“小军校”地位不断得到提高，因为腓特烈大帝要求军官上数学课及其他有益的课程，希望借此能提高军官的素质。这让康德有机会认识了更多的军官。哈曼在 1764 年 2 月的信中提到，康德“目前为迈耶将军及其手下的军官开课，让他名利双收，因为他几乎日日［与将军］共进晚餐，他们用马车接他去上数学课与自然地理课”。

作为龙骑兵团的团长兼指挥官的迈耶将军是个少见的博学之士。由于他也没有家室，因此 1764 年康德在他的官邸为一群军官上数学及自然地理课。除军官外，受邀的还有优秀的学者。每次马车隆重地接送康德，还经常利用共度午餐的时间。将军非常重视仪表，倘若他的军官在餐桌上稍有失态，他每每责以严厉的目光。一天，坐在他对面的康德不小心把红酒打翻在昂贵的桌巾上，大家都为他捏一把冷汗。将军为了化解尴尬的局面，于是故意翻覆了一整杯红酒，而且弄得很自然。当时正好他们的话题是达达尼尔海峡，于是将军就用手指在红酒上比画其地势。这样，康德与迈耶将军成了好朋友。

在这几年中，康德的生活快节奏而世俗化。康德不间断地拜访凯泽林克家族。洛索是哥尼斯堡骑兵队的指挥官，后来成了康德生命中的一个重要角色，他不只经常邀请康德到他位于东普鲁士东界离哥尼斯堡约 75 英里戈尔达普庄园，还要求康德为他筹措望远镜与眼镜，在增补随军牧师职缺时，也相当尊重康德的意见。

康德乐意与知识程度较高的军官为伍，但对于一般士兵，康德却没有多大的好感，在他看来，一个愿意投入军旅生涯而放弃自主性的人，品格本身一定存在问题。

除交际外，康德还有其他兴趣，他告诉博罗夫斯基说，他观察过一个名叫敦克的中尉的手术过程，且利用这个机会探询是否可能为一个天生失明的人动手术而让他重见光明。这位医师告诉他十分愿意做这种手术。于是一群好朋友决定合资负担一位来自利登哈根的男孩的住院费。康德此举并不完全出于爱心，他想要第一手观察，好奇一个天生盲人看第一眼会是什么样，“看”的意思是什么？著名“莫利纽克斯难题”也引起了康德极大的兴趣。

学生眼中的康德：“第一次接触卢梭与休谟”

1762 年 8 月，赫尔德来到哥尼斯堡，在哈曼推荐下到康特尔书店工作，他几乎终日手不释卷。很快，康德注意到了这个值得鼓励与提携的年轻人。康特尔向康德提出让赫尔德免费听课的请求，康德允许了。赫尔德说，他“跟随康德硕士学习哲学的每个科目，跟基普克教授学语言学，各种领域的神学则受教于利林塔尔与阿诺尔德博士”。此外，他也听特斯科的物理课。

康德居住与授课的地方在大学附近教员宿舍的“硕士巷”。康德继续享受着一个“高雅硕士”的生活，有时，酒兴使得他连“摸回在硕士巷的家都有困难”。这时，基普克已经迁离康德的住处，搬到郊区自己种萝卜与洋葱，并在庭院中贩卖。倘若没有晚宴邀请，康德便在格拉赫的饭馆里吃饭。博罗夫斯基描述说，康德壮年时，讲完课、用过午餐后会到咖啡屋里闲聊一天里发生的大事，或去打台球。晚间聚会，喜欢打一局牌，因为他认为这对头脑训练有帮助。接下来便是长途散步，常是上完一天课被他留下来的学生与他为伴。谈话主题无所不包，随兴所至。回家后的时间是阅读。

赫尔德跟随康德时 38 岁，赫尔德对康德的描述与博罗夫斯基类似：康德的讲演饶有趣味，他把莱布尼茨、沃尔夫、鲍姆加登、克鲁修斯与休谟的哲学精神与牛顿、开普勒与其他物理学家的科学精神结合起来，还收集当时刚问世的卢梭作品，最后回到被认为无成见的自然知识与人类道德价值。他的讲演像娱乐对谈，他谈论原作者，也掺杂自己经常比他们更深的思考，康德的哲学可以“唤醒一个人自己的思考”。听他的课，范围涵盖哲学每一个部门，“人类、一切种族、自然史、自然科学、数学与经验，都是他演说和交谈的源头活水。”赫尔德强调，三年中，我不曾感到他有一丝的傲慢，除魏曼以外，他似乎没有别的敌人。康德唯一的关切是真理，派系与门户之见他完全不感兴趣，唯唯诺诺的门徒也不是他所乐见。

康德的另一个学生延施为赫尔德的观点提供了佐证：康德授课时兴味盎然，他出现于讲堂时，总是兴奋的样子，开口便说：我们上次讲到这里或那里。他的主要概念深刻且生动地印入脑海，以至于他可以整个小时都伫留在其间，其讲稿则被冷落在一旁，“当他徜徉在其优雅的演说里，总会被细腻的辩证构成的文字网层层包围，因而浑然忘我”。他讲关于鲍姆加登的课，教科书则填满了密密麻麻的注记。

赫尔德上康德课时所作的笔记，很多被保存下来。休谟、莱布尼茨、蒙田、菲尔丁、里查逊、鲍姆加登、沃尔夫的著作是康德获益最多的。在不完整的逻辑笔记中可以读到“斯多葛学派过度夸大德行”及“沃尔夫、克鲁修斯必须定义、证明一切”，“虽然他们看到了反例。他们仍抱住自己的主张不放”。康德采取折中主义立场，表示“好的东西，不管来自何处，我们都必须接纳”，并说我们要“有高贵的骄傲，坚持独立思考，并且第一个找到自己的错误”。虽然我们必须把真理的追求放在美的追求前面，但“我们的知识也应该是美丽的事物……否则它们会是令人憎恶的”。数学课笔记没有新讯息，大致是跟着教科书在走。物理课笔记则显示康德依旧关切数学空间与物理空间的可分割性难题，质疑教科书作者把两种空间概念混为了一谈。数学和物理学似乎没有引起赫尔德的兴趣，因此他的笔记也不值得过分参考。但他的道德哲学课及形而上学课笔记内容则缜密而精彩。

道德哲学笔记显示康德主张："我们应该研究自然人的感觉，它胜过我们人为修饰的感觉。卢梭对此有深刻体会"，"道德的最高法则是忠于自然天性，因我们的理智可能犯错，而道德感则只有在一种情形下会犯错，即习惯遮蔽了自然感觉。"他进一步问道："这是否意味着，如果没有上帝的存在，我们一样可以建立道德法则呢？"他的回答是："当然可以。"因为道德法则在我们的天性中就可以找到，因此"道德感的文化先于服从的文化"。那么"一个无神论者应该为社会所接受吗？"这必须看情形：如果他的无神论来自道德理由，那么他是危险的，不应见容于社会。如果他的无神论是基于逻辑理由，则"没有那么危险"。因此，斯宾诺莎不应受到谴责。"基督教的伦理学是否高于哲学的伦理学呢？"恰恰相反！

由此看来，卢梭的思想对康德产生了转折性的影响。在《论优美感与崇高感》的"后记"里，康德有段带有自传色彩的省思性表白：我天生是个求知者。我时时感到知识的饥渴，带着不安的欲望一步一步探索，时而因有所斩获而感到满足。长久以来，我相信那是可以为人类带来荣耀的唯一可能。我鄙视一无所知的乌合之众。卢梭在这方面纠正了我的错误，消除了我的盲目偏见，我学会了尊重人。我常常觉得，假如我（作为研究者）不想在奠定人权上给大家作些贡献，我就会比那些普通的劳动者更没有用处。这篇"后记"是在《论优美感与崇高感》问世后写成的，可见康德受卢梭影响之大，以至于他觉得有必要"不断阅读他的书，才能够不再受到文字美的干扰，而能以理性去探究它"。

尽管卢梭是第一个发现在人类纷扰的表象下"潜伏的天性与法则，并因此得以确立人性尊严"的思想家，但康德并不认为他正确厘清了人的先天法则。康德更认同哈钦森、莎夫茨伯里与休谟的理论路向。但是，休谟哲学却让人陷入了精神危机。康德告诉卡洛琳·赫尔德说：在这个了无生命迹象的概念世界里，在这个无底的死域中，我的灵魂很不好受。在每一堂形而上学课以后，我就和一个诗人跑到空旷的地方，或者阅读卢梭的书或者类似的作品……以减弱或摆脱那些印象，因为它们对我而言是一个折磨。赫尔德也说："存在不能证明；上帝的存在不能证明；观念论是无从否定的；作为人类知识的主要部分的存在命题是不能证明的；一切都是不确定的；不，不是不确定，虽然无法证明……"

第四章　道德的重生

40 岁：人生的转折点

1764 年，康德的社交圈发生了很大的变动。哈曼说，居住在康德家的基普克和康德的关系再也不似从前那么亲密，他搬到了市郊，不仅自己种植胡萝卜与洋葱，而且“正在其庭园中盖房子，任其学术工作荒芜多时”。4 月，就在康德 40 岁生日的前几天，康德最要好的朋友丰克猝逝。哈曼在复活节的前夕 4 月 21 日说，为争夺安葬他遗体的权利，普鲁士人与库尔兰人几乎发生口角。康德作为普鲁士人被委以筹备追思会，但被官方禁止。最后，双方都没有得到举行集会的许可，丰克只好在夜间安葬，库尔兰人希佩尔作了一首挽诗。

康德是个感情丰富的人，他不仅拒绝接受失去这个朋友的事实，并怀有罪恶感，而且让作为哲学家的他开始深刻反省生命“真正的价值”，在生与死之间，开始“厌烦了本能的摇摆”。为此，康德在《学科的争论》里，以敬虔会的宗教“皈依理论”说明了“重生”的必要性。但他认为：施佩纳-弗兰克与莫拉维安-青岑多夫的“皈依理论”都存在超感官即超自然的神秘主义倾向。因此，康德认为，要完成基督徒式的生活蜕变，“奇迹是必要条件”，而认识上帝的奇迹，道德是“唯一真正的途径”，因为

“它把人类提升到尊严的概念高度，而在我们把人当作经验对象时，是不会想到这一切的”。

为此，博罗夫斯基说，康德在四十岁左右经历了生命的重生，开始有意识地摆脱以前“声色犬马的旋涡”，并“持续努力让他的行动遵循那深思过的、或至少是他自己相信有理由的原则”，而“这些准则渐渐地与他的自我融合在一起，以至于他的行为甚至在无意中也成为准则的自然流露。”

1764 年 4 月 22 日，康德 40 岁。康德认为，40 岁是人生关键的转折点，因为一个人的品格是在 40 岁定型的。康德根据他的心理学和人类学理论，一个人的品格不是天生的，而是经由教育、模仿、开导而习得的。品格并非只是渐进的形成过程，而包含着爆发式的蜕变跃迁过程。人在 20 岁时只大致可以运用理性，但利用他人来完成自己的目的，则到 40 岁才能成熟到“深思熟虑”的程度。

品格是我们自己塑造的，创造好的品格，不仅是道德追求的目标，也是做人的责任。康德认为：内心省察和待人处世时真诚以对，且以此原则为最高准则，是一个人意识到自己有品格的唯一证明。就是说，真诚是品格判断的准则。

康德在人类学讲座中说，一个人 40 岁以后才有可能形成对事物正确的认识，因为他已经历过人生不同境遇。40 岁以前，几乎没有人对真正的价值有正确的判断。他强调，只有在感情倾向仍足以驱动我们对事物的兴趣，但不再强烈到成为激情的时候，品格才有可能完成，因品格以成熟的知性为前提，而这一切一般在 40 岁左右时发生。但是，40 岁是记忆开始退化的年龄，因此在 40 之前，必须把思想素材准备齐全，因 40 岁以后“我们无法学习新事物”。我们“扩充知识”，主要基于 40 岁以前搜集的材料及 40 岁以后形成的品格判断。

品格建立在行事准则的形成基础上，而这些准则是我们从别人身上或书本中学到的，或借助自己的推理而产生的，它告诉我们如何作为理性存在者。借助准则，我们可以避免随兴发挥或被情绪淹没而做傻事。但是，由于支配行为的准则存在两种水火不容的可能性：要么是“本能”，要么是“理性”。由此康德主张，“作为一个人，我们必须根据理性去生活”，“应该以准则来约束兽性的本能，不可以让任何冲动过于强势”。基于这个理由，品格可以定义为“以持久不变的准则界定人类的任性”，“品格是更高的欲望能力［也就是意志］的某种主体性规则，其客观规则包含在道德之中。是故，更高的欲望能力的特质决定了性格。凡意志皆有其主体性法则，那些法则就构成了品格。”

康德认为，品格有好有坏。如何判定品格的好坏呢？品格的善取决于准则的善。一个没有准则的人，他只能受动物本能的支配。康德说：“在实践的领域里，重点不是一个人在某时是否做了什么好事，而是其行为的准则。”品格不能建立在感觉上，必须以理性准则为基础。我们必须为自己“立法”，不可随着感觉和偏好而本能地起舞。我们应根据准则重新塑造自己，在性格确立后，我们就成了一个“新人”。

康德不像认为德行是自然天赋的卢梭，而像休谟认为德行必须透过教化。康德的道德观，经历了从自然性向道德性的转变，对康德而言，德行是人为的而不是自然的。康德的“新人”理论，有基督教色彩，更有斯多葛学派元素，尤其是“理性、安详且不动摇的心境”的柏拉图“理念论”因素。人类以理性克服情感和激情的波动，并凭借准则去规范自我的行为，让道德法则为人类带来超越其他动物的尊严。

疑病症：18世纪的时代焦虑症

在一段很少见的自传性文字里，康德还介绍了自己曾患过疑病症。里查-伯顿在1621年问世的《忧郁之剖析》中说，疑病症“与忧郁症有关”，早在古代就有记载，并列举了许多忧郁症。“疑病忧郁症”作为其中之一，其起因“在于肠、肝、脾或者横隔膜”，因此又名“空气忧郁症”，而劳伦蒂乌斯根据器官分布把它分成三类：肝、脾与肠膜忧郁症。伯顿的书深受哈曼的喜爱，康德因其在《视灵者之梦》中提到了“空气忧郁”、“脑部疾病”，证明他对伯顿的概念也知之甚详。

康德声称，疑病症同时有心理与生理层面的原因。生理上，他有轻度的脊椎弯曲，肌肉无力且发育不足，骨质脆弱，易疲劳。康德自述：“由于我的胸腔平坦而内陷，限制了心和肺的活动空间，使得我一直有‘疑病症’的倾向，在早年甚至有些厌世。”在心理上，疑病症有潜藏的心理因素，与想象力有关，且受患者心情直接影响。康德描述说：这种“会迅速蔓延到整个神经系统的恶疾，不管发病的主要部位在身体的哪个部分，都会在灵魂的栖身之处布满忧郁的黑雾”，患者会觉得，所有听说过的疾病都会在自己身上发生，他会不断谈论自己的痛苦，并且嗜读医学书籍。然而，“在别人面前，他有时会心情很开朗，经常开怀大笑，吃得很多，看起来与健康人无异。”如果他突然有个奇怪的念头，使他在别人面前突兀地大笑，或者“如果接二连三的邪恶想法在他心里引起为恶的冲动，如果他很焦虑，且担心克制不了自己的行径，虽然他到最后并没有失控，那么他的状态便很像是个疯子，虽然他没有真正的危险。这种病根不深，有时候会自己消失，有时候借药物可以解除”。为了避免疑病症的苦恼，康德认为最好办法是从事“日常工作”并专注于必须完成的事情，特别是哲学问题的思考。

康德的这个症状直到1768年才由伦敦医师赫伯登作出诊断：心肌缺氧造成胸痛。为此康德说：“想到我的胸腔阻塞可能只是物理的原因而无法改变以后，我便不再受其影响，以至于在我的胸部被压迫时，我的头脑还保持平静与快活”，因为没有生理疾病，而不过是“健康上有些差的人”，身体从来没有健康过而已。但康德认为，尽管自己身体纤弱，但“神经很敏感”，因外在环境发生小小的变化，心态就会受到很大的影响，而自己能够在不稳定的条件下还能支撑，靠的是“有规律的外在与内在生活”。

康德是个忧虑的人，可以说是环境的动荡造成了他的忧虑和恐惧，并引起了身体的不适。其实，在18世纪疑病症成了“时髦病”，特别在知识分子中更是流行，哈曼、克劳斯、鲍斯威尔与约翰逊都曾被诊断患了这个病，甚至约翰逊给鲍斯威尔的建议与康德给自己的建议类似：“保持精神上的忙碌，经常运动，生活要有节制，夜间尤应避免饮酒。”

尽管康德40岁后的生活变得越来越有规律，其著作的剧增，也不排除“为了内在的生活而以独特的方式把外在生活给机械化，让周边的一切枯槁，以提升心灵中心的活力”的可能。这种“自我设限的生活”，“是个有危机的生活”。但直到1775年，康德年过五十，还在担忧自己是否能有足够的时间讲完他想讲的课。其实，在本质上说，康德“个人危机”的“唯一解决途径”是协调其“性格哲学”与“时代精神”的缺欠。

“优雅的硕士”变成了“有原则的人”：高贵商人格林的影响

1764—1765年间，康德结交了新朋友，其中最重要的是格林。格林是个英国商人，做谷类与青鱼贸易，也买卖煤炭与手工艺品，年轻时来过哥尼斯堡。在哥尼斯堡的英国侨民当中，格林被当作“最伟大的，最受尊重的商人”，因为他对于做生意的兴趣远不如“阅读关于新发明与发现之旅的书籍”，他“与其说是个商人，不如说是个学者”，他的教养比一般商人高出许多。康德认为他与格林的友谊特别重要，是自然不过的事情。格林与康德一样是单身汉，但生活风格却与康德完全不同，他没有卷入上流社会五光十色的名利旋涡而过着“隐士的生活”，几乎分秒不差地随着时钟和日历过着严守规律的生活。这种一成不变却令人莫名其妙的生活规则，也使他被人当作“怪里怪气的人”。

康德认识格林是在1765—1766年之间，格林因商务滞留英国。舍弗纳在给赫尔德的信中写道：“硕士［康德］现在沉迷于英国，因为卢梭与休谟也在那里，而他的朋友格林先生也经常在信中提起他们。”两个星期后，康德向赫尔德谈起休谟与卢梭的轶事，显然，这是来自格林写给康德的书信。还有一个说法，格林与康德第一次见面是在美国大革命时期，他们的关系是对美国大革命看法的激辩后建立起来的。康德站在美国那边，而格林则为英国辩护，他们辩论的主题是美国革命的导火线——即1765年因印花税法案导致8月在波士顿发生的动乱，迫使英国议会同年撤回该法案。从那时开始，康德成了格林家的常客。康德与丰克交好时，他喜欢打牌，看戏剧表演，听音乐会，从事各式各样的消遣，纵情声色。但与格林认识不久，他慢慢接受了格林的生活方式，康德戒掉了玩牌，并越来越少进剧场甚至最后不再涉足，后来还放弃了“至少在早年喜欢听好的音乐”的习惯，“优雅的硕士”变成“有原则的人”，生活也越来越像格林，其生活开始变得像钟表一样可以预测。据说，邻居可以根据康德傍晚离开格林家的时间来对表，因为访问时间在7点准时结束。

其实，触痛作品中描述的康德如钟表一般机械的生活喘气故事，是来自英国人绅士般的守时性格，而不是因为康德的学术性格。康德说，他们的友谊并非只建立在“情感”上，而是建立在“原则”上，因他们大部分思想和感觉都莫逆于心，那是“道德”的友谊，而不是“美学”的。由此，康德在其人类学讲义中提到准则时，总不忘强调英国人深刻的理解。

但是，格林确实是个没有美感的人，他只能凭借不同的排版方式来区别散文与诗歌，且认为诗歌的文字排列方式令人眼花缭乱。但格林非常喜爱哲学，特别是休谟和卢梭，其实格林对康德研究英国哲学的影响不容小觑。

康德与格林共同的朋友是来自赫尔的马瑟比（1736—1801）。由于格林需要一个可靠的助手，因此马瑟比在18岁就被聘来到了哥尼斯堡。刚到哥尼斯堡时，他一句德语也不会，但他很短时间里就成了格林事业不可或缺的帮手。格林后来邀他合伙并把他提升为持股人，格林死后，马瑟比成了他的遗产继承人。马瑟比还与图桑十个女儿中的夏洛特结了婚。格林死后，康德仍与马瑟比来往。因为英国商人的缘故，康德还认识了他们社交圈里的很多人，像英国人巴克利、苏格兰商人海，及法国商人图桑与拉瓦尔。

哈曼在1768年的信里写道："几天前在我的朋友格林的家里"，"当时，我听到康德声称我们也不用期待天文学有什么新的大发现，因为它已经太完美了。"格林与康德讨论的大部分主题，都使用对话，多少沿袭了康德在人类学讲义里介绍的模式：会谈过程有三个段落：以故事为起点，中间进入讨论部分，最后以诙谐的话语结束。由于格林毕竟是个商人，谈话的主题还有：伦敦粮食动乱，政府谷仓被暴民洗劫一空，巴黎一磅面包价格飞涨到四个苏，等等。哈曼写道："当讨论越来越严肃而可能引起争辩的时候，如果同桌有人可以转移讨论，会是很幸运的事。"这时，机智幽默会派上用场。一般情况下，讲故事会占用过长的时间，但闲聊早晚会被带向讨论，如果谈话里如果缺少戏谑与玩笑，则会因枯燥乏味而难以忍受。

博罗夫斯基声称，格林与马瑟比的公司还替康德理财，康德则可以"以最有利的方式投资他的积蓄，对于他的投资，他的朋友格林比他关心百倍"。由此，到1798年，康德已积累了43 000银盾的可观获利。康德认为，小额长期定存的成果比到老年再设法省钱要好得多。1763年，普鲁士因受肇始于荷兰的金融危机冲击而雪上加霜。之前，因普鲁士国王让货币贬值以便负担七年战争军费，普鲁士已有通货膨胀现象，而那些靠固定收入维持生活的人受害最深。经济发展陷入的停滞，直到70年代才略有好转。1763年，柏林因粮食短缺，以至每天一大早面包店门口都排出长龙，激烈争夺着品质低劣、只烤了半熟的面包。虽然康德不靠固定收入过活，但必须仰赖学生的钟点费，而在60和70年代，学生数量则少于50年代，因此康德的生活比俄国占领期和1770年成为正教授后节俭多了。另外，哥尼斯堡的经济状况没有柏林那样恶化，因为哥尼斯堡与波兰及其他东欧国家经济依存度较高。

1764年11月11日，哥尼斯堡发生了烧了一个星期的大火，摧毁369栋民宅，49间商店及勒贝尼赫特教堂，许多人丧生，起火原因可能是纵火。这场浩劫让康德看到，生命是如何的脆弱！

作为图书管理员："哲学教育的天才方法是探索式的"

1764年，康德的名字已开始受到注意，他的作品不仅有书评推荐，且在其他大学也被认真讨论。1764年底，康德收到杜宾根的克勒斯的硕士毕业论文副本，论文口试由普鲁克奎特主持。这篇论文有一半是康德的观点，另一半是作者"以很高的敬意诠释、补充并部分否定了康德的理论"。1764年8月，大学收到柏林官方的信，得到递补博克诗学教授遗缺的许可，信中特地提到康德："我们因拜读过其著作而得知在贵地有一位硕士名为伊曼纽尔·康德。从他的文章，我们知道他是个饱学之士。"执笔人还在信中询问，他是否胜任，个人意愿如何？康德的回答是："意愿不高，但他对即将出缺的逻辑与形而上学的教席颇有兴趣"。康德委婉地拒绝了这个有固定收入的职位，因为他确信，自己早晚会得到更适合的教席。

康德的形而上学课以"经验心理学"导论为开端，花了很大的精力去思考"理性心理学"问题。对于形而上学为什么至今"仍然如此不完整而不确定"，康德认为，因哲学家夸大了哲学的能力，因哲学不像科学，它不应是一般人所认为的综合性知识，而应是对科学理论进行分析的批判性知识。

康德认为，虽然伦理学成就似乎比形而上学好一些，其实一样不完整，它看起来站得住脚，是因为人类的心灵或"感觉"可以在思考之前告诉我们孰是孰非，然而判别的界限在哪里，到目前为止并没有完全厘清。因此，我们应以怀疑形而上学的精神去怀疑伦理学。道德哲学不只是该怎么做的问题，还应包括如何诠释道德的本质，因它有更深的人类学基础，涉及人性问题。

最后一个主题是“万物的原因”或“上帝与世界的科学”，进入“探究万物普遍属性的科学”的本体论问题。

这个顺序和康德的教学法有关，他认为，好的教学应该是先引导学生探讨一般人感兴趣的个别问题，接下来才能掌握比较抽象的形而上学理论。1765 年上学期，康德对选课的学生说：怀疑是最好的哲学方法。他认为重要的是教学生如何思考，而不系统地教授哲学。他甚至认为，哲学不是教的，而是思考出来的。真正的哲学教育是古希腊所谓的“探究”式方法。康德引用皮浪、恩波里柯的“怀疑论学说”。虽然康德不否认哲学可以是“独断的”，但他认为可以成为定论的很有限。在康德的“课程简介”里，康德说，逻辑有两种学习模式，一是“常识的批判和规范”，二是“科学的批判和规范”。康德采用了第一个模式，因为这可以让逻辑对于学生的日常生活也有帮助。自然地理学意在帮助学生了解他们在世界里的位置。

1765 年 11 月，康德申请了宫廷图书馆馆员的职位，并于 1766 年 2 月获聘，年薪 62 塔勒。这个图书馆的主体是大学图书馆，使用频率不高，每周有两次开放时间，分别是星期三和星期六下午一点到四点。由于前任馆员把它管理得杂乱无章，康德与他的上司腓特烈·博克把所有藏书重新整理一遍，繁复耗神地对目录进行了一一的核对。更艰难的是，这个图书馆没暖气，冬天手指冻僵，墨汁结冰，既不能读书也不能写字。但是，这个职位的薪水却改善了康德“十分困窘的生活”。

1766 年，康德有能力搬家了，因他一直不喜欢住处附近普瑞格河上往来的商船及来自波兰货车进城时的喧闹。康德搬入了出版商康特尔的房子里，这座大房子是旧市政厅，因此不仅可以提供客房，而且还可为康德与其他教授提供讲堂及学生住的房间。康特尔的书店也在这里，风格却像咖啡屋，不仅卖教授们需要阅读的书，还发行《哥尼斯堡学术政治报》，因此教授们甚至学生在特定时日还可以免费阅读。哥尼斯堡的知识分子还把这个书店当作文化聚会点，外来访客则把它当作第一个参观点。从1768年夏开始，书店里渐渐挂满了哥尼斯堡及普鲁士各地文化名人的画像，包括门德尔松、希佩尔、舍弗纳、林登纳，当然还有康德。1768年10月24日，康德运用他在哥尼斯堡的影响力，为林登纳争取到了诗学教授职位，林登纳重返哥尼斯堡。林登纳一直是康德从学生时代以来最好的朋友。丰克死后，林登纳成了他在学院中最重要的朋友。丰克跟康德一样，对风流韵事的兴趣至少与学术相当，而林登纳对艳事的兴趣则远不如文学。但两人的友谊并没持续很久，原因之一是林登纳后来成了哥尼斯堡官庭牧师及哈曼的告解师，和哈曼走得更近。

1764—1769年，康德最重要的学生是赫兹（1747—1803）。他出生在柏林，作为犹太会堂书记的儿子，在研习了犹太法典后于1762年来到哥尼斯堡，因希望能成为商人兼银行家弗里德伦德尔的学徒，也因哥尼斯堡拥有北部“规模最大、最重要和最开明的犹太社区”。在弗里德伦德尔的支持下，1766年4月4日他在大学里注册正式成了学生，因那时犹太人需特别许可才能进大学就读。虽然这项规定直到60年代后期才解除，但康德在世时，还是没有任何犹太人可以获聘为教授。后来，康德曾支持过一个犹太人争取医学系教职，但最终还是无功而返。天主教徒也处于同样的命运。因此赫兹说，他在哥尼斯堡学习语文与哲学的时光，伴随他的是“漫长且无间断的痛苦，称其为酷刑也不为过”。

当时，康德的哲学讨论使他成了康德最亲近的伙伴，后来成了康德的朋友。据说赫兹在上康德的课的前后作了不少诗。他还感恩地写道：我的状况会好转，完全要感谢您，我对您的亏欠，一生也无法偿还。如果不是有您的话，我将像我的弟兄们一样，一生背负成见的包袱，过着禽兽不如的生活……我将什么也不是。

其实，赫兹也对哥尼斯堡的犹太社区产生了影响，他鼓励犹太人学习现代语言，接触非犹太文学，他甚至使“犹太美女”相信，在梳妆台上摆一本鲍姆加登的《形而上学》是高雅的表现。

赫兹搬到柏林后，70 年代后期开始致力于推广康德哲学，不过与赫尔德及康德其他早期学生一样，他对于成熟期的康德哲学一窍不通。

康德的哲学发展：《论优美感与崇高感》

在前批判时期，康德哲学还不曾拥有一个涵摄一切的形而上学立场。为此康德在《论优美感与崇高感》一书的旁注中描述道：“一切逝去，如川流、不断变换的品味，人类不同的外貌，让这整个游戏更加变幻莫测。我如何在自然当中找到一个永不移动的定点，什么东西可以指示我找到一个可以泊靠的岸？”

18 世纪 60 年代，康德的背景是卢梭，作为自然主义者，试图在“自然”中找到判断人类行为的参考点与准则而不是在“理性”中，这可以从他 1765—1766 年上学期的“课程介绍”里看得出来。在谈论“应然”以前，他先从哲学和历史去考察“实然”为何。人不应该着重于人类随环境的不断改变，而应致力于了解其“不变的人类本性以及其在受造物当中的特殊地位”。

康德的所谓“前批判”时期，即 1769—1770 年以前，学术习惯上被划分成两个阶段：

第一阶段被称为“理性论时期”，大约从 1755 年到 1762 年。学院版《康德全集》手稿遗著编者阿迪克斯，把康德第一个时期称为“原始的认识论观点”，因那时“康德的认识论取向……在目标和方法上面是理性主义的”，虽然也受克鲁修斯“经验主义元素”的影响，但属于“莱布尼茨和沃尔夫学派”，甚至“可以说是他们的学徒”，因康德主张我们在寻求科学真理时，必须选择逻辑与数学的进路，并接受了牛顿的“决定论”世界观。康德自始就坚信，“自然”是个充满着必然关系的有秩序整体，而哲学的任务便是去定义那些必然如此的事物。

第二阶段为“经验论时期”，大约从 1762 到 1769 年。康德从传统理性主义“转向”经验主义。阿迪克斯在康德60年代的早期著作的三项主张里找到了倾向经验主义的转折点：（1）“存在”不能通过谓语去规定，也不能透过概念去证明，而只能经由经验去知觉；（2）逻辑矛盾和实在性对立是两回事，事物的逻辑因果和实在因果完全不同。（3）受经验主义影响，1766年的著作显示康德已是经验主义者，但阿迪克斯认为，当时休谟哲学对康德的影响有限，康德并没有成为休谟式的怀疑主义者。从1769年开始，休谟的经验主义对康德产生了巨大影响，但康德的道德与宗教世界观没有因其怀疑主义而失去根基，一直作为理性主义者，理性心理学和神学思辨依然是康德的最爱。差别只在：从前进行科学阐释，后期被视为个人经验而进行主观证明。

康德一方面强调莱布尼茨与沃尔夫的重要性，关心形而上学问题，一方面强调克鲁修斯与休谟的重要性，关心道德问题。由此，弗莱斯肖韦尔说：赞美康德卓尔不群的天才，却又说他每十年就推翻自己的想法，像个昏头昏脑的傻瓜，无法掌握自己的思想方向。其实，形成这种看法的原因之一是“理性主义”与“经验主义”这两个名词的使用方式未经反省，虽然这两个名称在用来指涉17世纪哲学的特征有其合理性，但如果用来有效界定该时期的重要思想家则显得不够精确。

狄德罗曾在《百科全书》中赞扬“折中主义者”不屈从于任何大师的理论，而是批判性地探索各种学说，并提出自己的“经验”见证与“理性”论证。据此，康德认为，他的批判哲学就代表了一个全新的开始，并彻底改变了哲学的思考取向。但他认为：现在我正在着手一部道德形而上学，我相信可以指出明显具有开创性的原理以及应该采取的方法，但到目前为止……努力一直没有结果。如果将来要有进展的话，就必须依循在此开展出来的知识。他虽然为伦理学找到了比较稳定的基础，但在这个领域里，他也完全没有安全感。

康德的“思想探险”充满了经验主义的色彩，他对“理论形而上学”的怀疑甚于“道德形而上学”，尽管他也没能建立关于“道德判断有效性”的科学理论，因此对于道德背后的“形而上学解释”也一直感到不安。但是，康德从来不是一个彻底的怀疑主义者，不认为形而上学“不可能”，而只是还没有发现形而上学基础。康德在1770年9月2日写给兰贝特的信里解释他四年没有回信的理由：在“获致这门科学［形而上学］清楚的轮廓并认识其确切的方法以前”，“无法下定决心写信”。直到1769年，才找到这个轮廓以及对应的方法。如此看来，康德在批判哲学初期以前，是处于“方法论的怀疑主义”之中。

根据以上历史人物的理论观点，康德总结说：“朝向纯粹理性的第一步，也就是所谓的婴儿期，是独断的。第二步……则是怀疑主义的，展现了因为经验而变得谨慎的判断力。而第三步便是他的批判哲学”。由此他在《纯粹理性批判》前言里声称，形而上学规则首先是“武断”和“专制的”，因此其“内在的龃龉”受到了“怀疑主义者”的挑战。而康德1765年的《视灵者之梦》，正是他怀疑主义最鲜明的著作。康德说，即使他无法窥探自然的秘密，也“有足够的自信不畏惧犀利的对手……与他共同寻找反证。在学者当中，反证是揭穿对方的无知的技巧”。康德认为，“理智世界”是不可知的，我们对灵魂或心灵一无所知。因此他相信，自己有理由对于形而上学采取怀疑主义立场，并宣称从此将把灵魂问题搁置一旁，形而上学领域将不再使他感兴趣。康德在1766年4月6日致门德尔松的信里坦言，虽然他重视形而上学，而且不认为它无关紧要，但“最好褪下独断的外衣”，“应以怀疑的眼光审度它”。因此贝克把康德这个阶段的思想称为“似休谟主义时期”。

但是，门德尔松认为，道德判断的理性化有困难，因道德判断“在人类灵魂中的实际运行”与“理性原则作用的情形截然不同”，“道德感的现象与理性原则之间的关系有如色彩与光源反射角度的关系”，“两者性质完全不同”。对于德国人而言，“道德感”不是个独立的先验命题，而是涉及感觉和理性关系的问题。解决的唯一途径是：证明这两种不同的能力，是同一个更基本能力的表现，从而得出感觉与认知的“连续性理论”。正是基于这样的理由，哈钦森关于“道德感”的看法便构成了康德道德哲学的出发点。康德认为：“莎夫茨伯里、哈钦森与休谟的尝试……虽有缺陷，但在探索所有道德的最初原理方面，却是走得最远的”。正因为存在理论缺陷，因此康德也没有沿着他们开创的理论思路进一步前进。道德原理看似来自感觉经验及其观察，其实不然。

康德的立场与门德尔松的理性主义一致，因此康德无法判定理性与道德感何者更为基本。因此，康德在1760—1770年间出版的著作，看不出他关于道德感的论述与同时代思想家有何不同。像门德尔松一样，康德坚持认为道德原理必须能还原为“最高的哲学明证性”。因此，他在《论优美感与崇高感》里论证说：“德行只能植根于原则之上，原则越普遍，德行就越高贵。这些原则不是思辨性的规则，而是一种潜藏在每个人心中并远超同情或怜爱等特殊根据之上的情感意识”，“一言以蔽之：那就是人性的美感与尊严感。前者是普遍仁爱的根据，后者是普遍尊重的根据。”康德强调，德行以感觉为前提，但道德不以道德感为基础。但道德判断原理是什么，仍是悬而未决的问题。因为康德认为，我们必须把个人的倾向从属于能够涵摄全体人类的普遍倾向，把特殊的感觉普遍化为理智活动。但如果这样做了，便又违反了“知性”。例如，倘若某个人因恻隐之心而帮助了一个有困难的人，而这个人却没能力还债，则他在履行良知原则的同时却违背了公平正义的原则，这显然不能算是有德行的人。由此康德认为，同情心是“虚弱的，总是盲目的”。因此康德截至1763年也不相信道德判断以感觉为基础，因为“善的理性概念”与“善的感觉”不是一体的。

于是，这篇论文发表后不久的1769年，康德就改变了对于“连续性理论”和“空间本质”的看法。康德在其1770年的就职论文里放弃了“连续性理论”而提出了理性与感觉的不连续性关系理论，在“人性”里寻找到了道德的“先验理性”支点，并为道德的知性主义和感性主义的争论画上了句号。这标志着康德的理论发生了从“人性”向“纯粹理性”的转变。这个转折包括道德问题，也涉及时间与空间问题。因此在1768

年的《论空间方位区分的最初根据》论文里，康德认为空间不是外在的经验对象，而是“使一切外在经验成为可能的基础概念”。同时，空间也不是人类“思想的产物”。

第五章　思考的岁月

1770年1月，由于康德独到的学术观点，耶拿大学给康德提供了一个职位，但他又拒绝了。同年3月15日，当年主持康德入学考试的数学教授朗汉森去世，康德渴盼在哥尼斯堡晋升的机会来了。于是康德抓住机遇，于3月16日就向柏林写信提出了请求，但康德要的不是朗汉森空出来的教职，而是建议是交换教席，由朗汉森的女婿克里斯蒂安尼接受朗汉森的空缺，他则代替其道德哲学的职位。康德认为的可行性理由是，按传统，数学教授同时要担任腓特烈中学的督察，因此不仅待遇优厚，且学校配有免费宿舍，克里斯蒂安尼应该感兴趣。如果这种交换不可行，康德建议和布克教授交换。布克是逻辑与形而上学教授，同时也是数学副教授。康德认为的可行性理由是，布克得到这个职位是“拜俄罗斯政府所赐”，而他则“拥有整个大学的推荐”，因此这样的交换既不伤害正义，也无损公众利益。

3月31日，在康德提出请求15天后，学校宣布聘任他担任逻辑与形而上学正教授，康德终于如愿以偿。但布克很不高兴，说他“从未想要数学教授的职位”，而且“康德不曾事先照会过我，也没有客气地探询我的意向，就让当局的公文无预警地递到我的手上”。显然，普鲁士当局也没有征求他的意见，这也证明了康德在柏林很有声望。康德弃礼节于不顾，毫不掩饰地追求自己的地位，因为他认为1759年获聘的就应该是他而不是布克。现在，康德的薪资是160塔勒60格罗申，比担任图书馆员的收入多了100塔勒，比耶拿的薪资则少了40塔勒。他的收入不算特别高，但已经可以使他的生活舒适多了。

教授就职论文：纯粹理性哲学

在正式就职以前，康德必须以拉丁文写成就职论文并进行公开答辩。康德于1770年8月21日完成答辩，分别来自神学系、法律系和文学系的三个学生与两个同事担任反方，康德选择当时是医学系学生的赫兹担任"答辩人"。对赫兹而言，这可以说是莫大的荣耀，但他差点失去了这个机会，因为康德是排除了"来自大学议会某些成员的巨大阻力"才得以让赫兹扮演这个角色的。

康德论文的题目是《论感性世界与理智世界的形式与原则》，虽然这是为职位晋升而仓促写就的论文，但却是康德"批判哲学"的首次展现。康德自己视这部应景作品为"前批判哲学"的真正结束及"批判哲学"的开始。当蒂夫特伦克1797年因出版其短篇论文集而与他接洽时，他强调说："我同意您将我的短论结集出版的建议。然而，我不想收录任何1770年以前的作品。"所以，我们可以从《论感性世界与理智世界的形式与原则》开始，了解康德比较成熟的思想。

康德这篇就职论文最重要的新学说是"知性"与"感官知觉"的严格区分，康德首次明确"感性"与"知性"具有不连续性，这两种能力各有不能"约化"的基础和来源。康德把"感性"定义为"主体的接受性，借助它，主体的表象状态就有可能由于某个对象的在场而以一定方式被刺激起来"；他把"知性"理解为"主体借此（感性）而得以表象那些因其特有性质而无法经由感官获致之内容"。由此，康德根据"知性知识"与"感性知识"没有共同点而认为必须划清"理智世界"和"感性世界"的界限，因它们各有自己的"形式法则"：感性的对象是可感事物；而仅仅包含只能经由知性认识之内容者，则是知性的对象。在古代的学派里，前者称为现象，后者称为本体，而现象是“以事物的显象方式去表象它们”，而本体则是“以事物的实存方式去表象它们”。

在康德最早期著作里，曾试图以物理单子的内在作用来解释空间，且区分了物理空间与数学空间，但从1770年开始，康德把人感觉到空间视为感性世界的形式，并作为区别现象与本体的标准。就是康德说的，时间与空间感具有主观性，它们是感性的主观形式，因此时间与空间不是知性概念。

康德认为，知性有能动性，可独断地而不是消极地区分感性与本体，“本体论或理性心理学提供的纯粹知性的普遍原理，会得出唯有借助纯粹知性才能把握、就实在性而言是所有其他一切事物的共同尺度的原型”。康德认为，知性就是根据理性原理对客观经验的事物进行主观评判。而纯粹理性是一种香甜的模型、形式或原型，理性经由纯粹理性原理，可以思考原始存在者，进而评判一切衍生存在者及知性认识。道德的本质是理性，而道德原理是知性的，因其关于“自在之物”即“本体”的，因此其属于理智世界的形式原理。道德概念因此不可化约为感性，也不可能透过感觉分析去得到，道德哲学只能透过纯粹知性去建立。

康德的观念基本属于柏拉图主义的，因为1764年康德还仍然无法确定道德判断原理是理性还是感性的。但从1770年他开始倾向于理性，而且其理性概念和1764年也大有不同。以前的理性概念由普遍化知觉构成，而1770年的理性概念是独立于感官以外的某种“理念”，类似柏拉图所称的“理型”。作为“衡量一切知识的共同尺度与原理”，它不仅是“知识的原理”，也是“实在性中一切其他事物的共同尺度”，它是认识论、本体论及伦理学所环绕的共同原理。康德认为，纯粹知性能力“与生俱来”，它们“由深植于认知能力的法则（我们可以在经验里看到那些法则的作用）抽绎出来”，因此“不会成为感性表象的一部分”，即是说其不抽象自感性表象，而只是知性自身。知性具有双重作用：

第一，“涤清功能”，“不要让感性认知私有的原则越过自己的界限而影响到知性认知”，即阻止知性应用于本体。

第二，独断性，可积极建构关于实在性的知识。

康德在就职论文的结论里表示，他以后会“延伸研究”这个问题。11年后，《纯粹理性批判》问世，就是康德对这一承诺的深入研究。

康德的教学

虽然图书馆员的职位在60年代后期为他带来了额外收入，但康德还是不得不开五门课，因为作为一个教师，康德必须靠讲课维持生活。1767年，康德讲授新课，一是“自然法”，另一个是“哲学百科暨哲学简史”。康德升任教授后，他终于可以稍微松一口气了，因为可以不必再教那么多课了，不过，他的上课时数并没有立即缩减。1770年，康德开了“普遍实践哲学及伦理学”、“自然地理学”，同时应柏林政府要求，哥尼斯堡必须讲授矿物学及矿业法，因康德曾负责管理岩石与矿物收藏品，康德1770—1771年上学期还责无旁贷地开了矿物学课，但只教了一学期。另外，教授的职位同时也带来了新的义务，他必须指导更多的学生，必须像其他正教授一样开设讲演课。康德后来曾叙述：“在1770年，我因为升任逻辑与形而上学的教授，而必须在七点开始讲课。当时我雇了一个仆人来叫醒我。”以前，康德从未在八点钟以前上课。因健康不佳原因，这时他上课感到有些吃力。他曾向8月初离开哥尼斯堡前往柏林的赫兹抱怨说，哥尼斯堡的“课程负担沉重”。于是，他在1772年辞掉了图书馆的工作。

不过，成为“康德教授”以后，他可以教他喜欢的课了，如1772—1773年的人类学，1774年的理性神学。由于他的逻辑与形而上学课深奥难懂，学生又敬又怕，而人类学课则广受喜爱，并吸引了不少听众，因为这门课他讲得“深入浅出”。康德1773年年底写信告诉赫兹，他开一个人类学的私人讲座，且计划将这个主题变更为正式的学科，因为这样做可以找到关于道德、人际关系、教育方法、统治术等一切实践科学的源头。这个学科主要关切的是，将搜罗的现象整理成法则，而不是关于人性的第一原理，更不会触及心身关系等哲学问题。这种经验性的论述，目标在于生活的实际，因它可以训练学生的处世技巧。由此看来，康德的人类学课程其实就是经验心理学。传统的经验心理学通常被放在形而上学里面，康德与传统决裂，开始把它归于经验科学。

1776 年下学期，康德成了哲学系主任。在哥尼斯堡大学，哲学系系主任由正教授轮流担任。康德任此职有 6 年之久，作为一个系主任，他同时成为教务与行政的大学评议会一员。评议会是大学中包括所有学院市民及家庭成员纠纷的仲裁机构，这对康德而言是个额外负担。系主任还有另一项工作，入学考试，人数大约在 70 到 80 人之间。有些同事指责他考试不够严格，只要学生不是“完全的无知”，他就放行。康德确实没有像其他同事一样限制学生的自由，因为他认为：“长在外面的树比在温室里人工培植的树更有生长力，而且果实更丰硕”。但克劳斯认为，康德的不严格是因为这些业务妨碍了他的研究工作并使他厌烦。

1776—1777 年上学期，康德必须教授“实用教育学”，因这是教授必须轮流担任的课。康德采用巴泽多的《方法手册》（1770）作为教科书。巴泽多认为，常识的判断标准是实用性，而“有用的东西”才能作为教学内容。虽然康德不太完全认同书中的内容，但对这种实用精神却十分赞赏。但当 1780 年又轮到康德讲授“实用教育学”时，他改用了他的同事腓特烈·博克的《教育艺术教程：适用于基督教家庭与有志成为青年教师者》作教材，并在课程名称旁边加注有“皇家指定课程”。

70 年代，康德最重要的学生包括：棱茨（1751—1792），克劳斯（1753—1807），冯·巴齐克（1756—1823）。

棱茨是后来“狂飙运动”的著名作家。康德晋升教授的贺诗有一篇出自他的手笔，题为“当高贵的康德教授于 1770 年 8 月 21 日答辩其就职论文时”，赞扬康德德智兼备，言行一致。棱茨的热情弥补了他哲学的不足。

他在诗里如此赞美康德：他的明澈的眼睛从不被光彩眩惑/他从不卑躬屈膝地称愚昧为智能/他经常揭开愚者可憎的面具/我们不禁要问，这里的“愚者”是否暗指布克和某个教派。但棱茨不以此为满足，他在诗末说：啊，你们法兰西之子！蔑视北方的我们/你们问这里可否有天才问世：只要康德在世，你们将不敢再提此问。

棱茨像康德一样，景仰莎夫茨伯里与休谟。他也认为道德感不应视为单纯的本能，而是“与普遍意志一致的内在指令”。虽然同情心和美感的和谐非常重要，但最重要的是“至善”。在其“试论道德第一原理”里，棱茨与康德一样认为最违背人性的行为莫过于人生没有目标，因此道德“必须有坚实而不可侵犯的基础”。他认同道德原理不是一个而是两个，因为人类同时追求完美与快乐，这两个信念是道德完整性的根据。不难看出，棱茨的观点接近康德的《论优美感与崇高感》，棱茨与赫尔德的著作很相似，都是因为早期康德的影响。

克劳斯 1770 年 10 月来哥尼斯堡求学，由于父母之前已经死了，因此初到哥尼斯堡时受到了舅舅布赫霍尔茨牧师的监护。他除前往日耳曼其他地方的零星旅行之外，一生都留在哥尼斯堡。由于布赫霍尔茨同时是哈曼的告解对象，克劳斯因此很快被介绍到了哥尼斯堡的文人圈。像其他新生一样，他第一个学期就听了康德的哲学课，且发生了兴趣。由此，康德也注意到了克劳斯无与伦比的学术专注与生机盎然的哲学兴致。克劳斯心怀无数使他深陷不安甚至令他发狂的问题，但因生性羞怯，且当时教授与学生保有不可逾越的距离，使他一直不敢造访康德，不过克劳斯以参加康德理论辩论课的方式达成了心愿。

一天，他在这位大哲学家的面前对其思想提出了深刻的质疑，其显露出的思辨（speculation）的才华使得康德惊异不已，并在下课后把他留了下来。1773 年，舅舅过世，克劳斯顿失了倚靠，康德开始帮助克劳斯。1774 年，康德推荐他担任一位年轻侯爵在大学里的辅导老师，为此克劳斯而有了收入。克劳斯与年轻侯爵住在康特尔的家中，与康德成了邻居。后来，他成为康德最亲近的朋友与同事。

克劳斯是康德欣赏的学生，但克劳斯却不愿意追随康德新的批判哲学，因此在上过康德所有的课程后，便于1774年转到其他方向学习。他自修英语与数学，特别欣赏巴特勒的《胡迪布拉斯》、莎士比亚作品。他说，劳伦斯·斯特恩的《项狄传》“使我心智活泼，增加我的幽默感”，卢梭与斯宾诺莎的作品“增进我的理性”，而“廷达尔、摩根斯、霍布斯以及一切反宗教的讽刺笑话，它们让我学会怀疑，体悟了这个句子的真实性：圣经不是为思辨的目的而存在”。他还阅读了伏尔泰的作品，还以休谟为“思辨”（即形而上学）之师。

1775年后，克劳斯与赫尔德渐渐倾向哈曼的思想。哈曼1775年8月14日告诉赫尔德，克劳斯“是个哲学与数学天才。他沉思的许多问题……可以是我的儿子与他的父亲的老师”。但一年后的1776年8月10日他却写道：“克劳斯与我已形同陌路。在格林的推荐下，他正在为康特尔翻译亚瑟·扬的《政治算术》”。接下来，他又透露，克劳斯“正在进行一项工作，内容是什么没有人清楚，由于心力交瘁，他终于病了”。克劳斯“正在进行的没有人清楚内容的工作”，是为参加普鲁士学院奖竞赛准备论文，题目是《灵魂的两种基本能力的来源》，赫尔德以《论人类灵魂的认知与感受》参赛。由于他不跟哈曼透露只字半语，还假托自己身体病了。哈曼抱怨道，克劳斯虽然很有天分，但在性格上“有种捉摸不定的、鬼祟的、难以解释的什么”，“他不仅身体病了，心理、大脑也病了。”他还抱怨克劳斯邋遢，“像一只死苍蝇把最好的油膏糟蹋了一般”。当哈曼拿到他的稿子后，认为里面根本找不到任何值得一提的内容。

康德写这封信时，已投注了九年时间写作他的《纯粹理性批判》，他不但已开始认为把“纯粹理性”作为形而上学基础的期望应该降低，而且心情被消耗得日益不耐烦。由于康德对克劳斯的感同身受，因此他在致赫兹的信中甚至找理由替克劳斯解释：您所听到的某些关于克劳斯的令人惋惜的恶言……像其他的种种恶意一样，是以下的事实引起的：虽然我等把哲学摆在第一位，把人摆在第二位，却难以得到这两者的回报，部分的原因是期望过高，另一部分的原因是缺乏等待报偿的耐心。这种抑郁的心境我也经验过。但谅解的眼光必将带来和解，而我们与这两者的关系更紧密。不仅如此，康德还继续照顾他，他向凯泽林克为他谋了一个工作，克劳斯只需辅导凯泽林克的一个亲戚便可以得到两百塔勒的收入。1779—1780 年，克劳斯进行了一次柏林与哥廷根的旅行，并成了共济会会员，结识了许多重要朋友。有人记述说："在哥廷根时，他获邀参加宴会，做客的有许多教授，其中包括费德尔，谈到当下的哲学，克劳斯于是提起康德仍在伏案撰写新著《纯粹理性批判》，完成后将会使所有的哲学家汗颜。在座的人士们笑了笑说，一个业余的哲学家很难想象会有这个本事。"

1772—1776 年间就读于阿尔贝蒂娜大学的巴齐克，也上过康德的课，后来成为哥尼斯堡的历史学家。他在自传里说："在我念大学时，他讲授不收费的形而上学课。我一开始就去听讲，但无法理解"，由于"过于爱面子，以致我没有向任何人承认我的无知并寻求帮助"。但"我渐渐明白，康德的某些学生知道得比我还少。我开始相信他们是因为虚荣而听康德的课；我讥笑这些人"。然而，爱尔维修的《精神论》、阿尔让的《常识哲学》、布鲁克纳的《哲学史》及格劳秀斯、霍布斯、加桑迪等哲学家的作品是有用的。

由于康德思考深度的改变，他的哲学开始变得晦涩难懂，于是"难懂的哲学家"声名不胫而走。但不少学生为康德的深度而着迷。康德逐渐意识到了这一点。

但巴齐克是个例外。康德之所以注意到了巴齐克，因为他可以举出很多实例来辅助康德。康德还鼓励巴齐克主攻人类学。巴齐克表示，倘若哥尼斯堡大学能让他成为"硕士"，他可以接受建议。但由于他是个天主教徒而丧失了这种可能。巴齐克与康德关系亲近，还有另一个理由，就是他与克劳斯的交情："由于我当时经济状况异常拮据，无法给房中供暖，所以每当我回家时，就马上卸下靴子，裹上旧大衣，缩到我的床铺上。如果我想写字，便把一块专用的木板铺在棉被上。由于康德的讲堂总有充分的暖气”，“九点到十点之间，我通常会留在康德的讲堂里”，“在康德开始讲课前，浑身散发着热力的克劳斯看见了我放在桌上泽格纳的《数学教程》有点意外，于是他用很特别的口吻问我：‘可爱的家伙啊，这本书是做什么用的?’”，“我很不服气，于是用几乎一模一样的口吻回答说：‘我在工作时偶尔哼哼里面的歌’。他看看我笑了起来，我也对着他笑。”他所欣赏的哲学作品，也是克劳斯欣赏的。巴齐克通过克劳斯还认识了哈曼，并进一步进入了哥尼斯堡的文人圈。

巴齐克因得了天花，在 1776 年 20 岁时一只眼睛失去了视力。1780 年，他必须动手术割除另一只眼睛里的囊肿，但手术没有成功，结果那只眼睛也丧失了视力，成了全盲。尽管如此，他还是成了历史学家。他雇了一个大学生每天轮流为他读数小时。为此，人们非常敬佩他的才能特别是毅力。巴齐克说：“厌恶盲人的康德也好意地造访我。他承认他对盲人没有好感，但他强调我不能算盲人，因为我透过直观与辅助工具掌握了丰富的概念，足以克服视力上的障碍。”巴齐克对此相当感念。

对于康德哲学的传播，维利希的作用很大。1778 年 3 月，他开始在哥尼斯堡攻读医学，1778—1781 年上了康德的课，1792 年取得医学博士学位后来到爱丁堡，并很快进入了瓦尔特·司各特的朋友圈。他 1798 年出版的《批判哲学要素》是大不列颠最早介绍康德思想的书籍之一。另一个没有听康德课的学生迈蒙（1754—1800），由于赫兹与门德尔松的影响成了哲学家，后来读到了康德的第一批判而成了康德最重要的早期追随者。

声望渐升

18 世纪 70 年代，康德在别的领域也颇有成就。1775 年 12 月，柏林官方对哥尼斯堡大学提出书面警告，要求其改进讲课设计以提高效能，魏曼与弗洛夏特乌斯还受到了申诫，而康德与罗伊施却得到了嘉奖。政府表示，不希望看到“学生的头脑为没有营养的玄思所败坏，教授应该为他们带来有用的概念”，哥尼斯堡大学的教授们，“从此以后不必再授克鲁修斯的哲学”，因为“有学识的学者早已看出其肤浅的程度”。作这项警告的是主管教堂与教育事务的策德利茨（1731—1793）部长，他属于腓特烈二世身边的改革派。由于赫兹通过授课与著述康德哲学，策德利茨便借此他了解了康德哲学。1778 年，策德利茨上了赫兹“康德的理性人类学”的课。赫兹说：他“总是第一个进我的教室，最后一个离开”。1779 年，策德利茨又上了赫兹的心理课。克劳斯 1779 年滞留柏林期间，也熟识了策德利茨。策德利茨在致康德的信中写道：“透过这两人的映照，我们间接地领受了您的光辉。”

1779 年，策德利茨在哈勒设了教育学的教席，并整体规划改善了大学教育，支持新学校的设立，推动教育管理的中央统筹。1787 年，他设立了高等学校评议会。他对康德甚为欣赏，1778 年 2 月曾征询康德是否愿意担任哈勒的哲学教授，起薪 600 塔勒。哈勒是个比哥尼斯堡更大、更有地位的城市，如果康德就任，还将成为沃尔夫的继任者。但康德拒绝他的邀请。于是，策德利茨把薪资又追加了 200 塔勒，再加上一个皇家参事的头衔。然而，康德还是决定留在哥尼斯堡，虽然他的报酬只有 236 塔勒，也没有升任皇家参事的机会，他的理由是：“自己的生命能量很有限”。同年 8 月，策德利茨捎信要求康德运用其影响力改变学生目前急功近利的学习态度，让他们不再把精神投注在所谓的高等专科，虽然高等专科可以为学生带来神学、法律或医学方面的前途，但哲学与其他的文科，却可以为他们带来更长远的利益。

由于引起了官方的重视，这时的康德成了柏林的名人，但是，那些附庸风雅人的推崇却扭曲了康德所投射出的思想光华。

18 世纪 70 年代，有两个较年轻的同事颇受康德重视，约翰·戈特利布·克罗伊茨费尔德（1745—1784）与罗伊施（1735—1806）。诗学教授林登纳 1776 年 3 月离开人世，补其遗缺者便是克罗伊次费尔德，他同时也是克劳斯与哈曼的好友，三人曾一起学习英文很久。克罗伊次费尔德同时也是康德的学生。他在为就职论文“论感官幻觉与想象功能的一般原理”辩护时，克劳斯是答辩人，而康德则为其主题作解说。罗伊施与康德不只讨论过华氏温度计与避雷针等议题，且在许多其他问题上也交换过意见。当罗伊施在康德有规律的散步时间遇到他时，通常都会陪他一程。

1780 年后，康德最重要的同事是克劳斯。1780 年的 6 月，在康德当学生时已是道德哲学正教授的克里斯蒂安尼突然去世，康德马上提笔写信给策德利茨推荐克劳斯接任。同时他要求哈曼写信给在哥廷根的克劳斯，让他有所准备。两个月后，哈曼写信给赫尔德，表示他确信克劳斯将得到这个教职。克劳斯“以教授指定人的身份离开哥廷根”。他在该年秋天回哥尼斯堡的路上，还得到了哈勒大学的硕士头衔。1781 年 1 月 4 日，他以“道德与政治哲学教授”的身份抵达哥尼斯堡。康德第二次让自己的朋友与学生取得了哲学系里最重要的位子。他支持克劳斯，不完全是基于情谊，同时也有政治考量。从前，大学教授哲学，教学方针完全由敬虔会掌控，并设法让适当的人获得提名。同样，康德也不想为他自己提出的学说而孤军奋战。

康德的另一个重要朋友与同盟人是舒尔茨。他在 1775 年被任命为哥尼斯堡的阿尔特罗斯加滕教堂执事，同年成为哲学硕士与博士，接着答辩其就职论文《音响测量学或者单纯的听觉作为练习》。辩论反方之一是克劳斯，康德担任评议者。之后，舒尔茨开始讲授数学与天文学。1776 年，他被任命为宫廷教堂指定牧师。虽然他的思想见解与康德十分接近，但他们的关系并不甚紧密。他们的沟通经由书信往来，颇不寻常。

社交生活

朋友与旧识是康德一直留在哥尼斯堡的原因之一。在自己的出生地生活，康德觉得很自在。他经常获邀参加重要家族的聚会或宴会。他经常在凯泽林克的官邸中与贵族交游，他“多年，从不间断”定期造访凯泽林克，伯爵十分敬重他，女伯爵对他也尤其喜爱。克劳斯说，“康德在凯泽林克的聚会里总是坐在贵宾席上，就在女伯爵的旁边，除非有外籍客人在场。根据礼仪那是他们的位置。”他与哥尼斯堡的商贾与俄国军官保持来往。

康德渐渐熟悉了“上流社会的生活”。天文学家兼地理学家伯努利（1744—1807）1778 年访问哥尼斯堡时写道：这位著名教授在社交上是个活泼而有涵养的人物。他拥有这样一种优雅的生活方式以至让人很难想象他身上会有这样一颗深深探求的心灵。可他的眼睛和面容流露出一种大智大慧，这与达朗贝尔的相似之处确实引人注目。这个学者在哥尼斯堡有许多追随者，或许是因为此地聚集了比其他任何地方更多的哲学家。他现在开了一门课，获得了众人的喝彩。这门课旨在为学生厘清“人”的概念，人的行为，在实际生命里的各种际遇与处世之道。种种故事与轶闻，让他的解说更明了，而且更受欢迎，康德先生已很久没有出版新的哲学著作了，但他保证很快就会有一本“小册子”问世。伯努利提到的这本“小册子”指的是《纯粹理性批判》。其实，1778 年夏，康德对这本书的篇幅会有多长还没有什么规划，但他相信，他所保存的许多纸条可以浓缩成一本小册子。

康德与格林的友谊也是他留在哥尼斯堡的重要因素之一。他经常午后拜访格林。格林虽然是个生意人，但业务几乎完全仰赖他的伙伴马瑟比。马瑟比不仅投注的精力比格林更多，而且商业才能也使其事业蒸蒸日上。格林与康德走得很近，据说他们一同讨论过《纯粹理性批判》的每一个句子。每当星期天，康德与格林都会到马瑟比家共进晚餐。

除这些使人流连的人际关系外，康德还认为哥尼斯堡是个完美的城市，他在写给赫兹的信里说：“我得到了我想要的一切，亦即一个惬意的环境：工作、沉思与社交的交替活动”，其中，“无忧无虑的心灵，以及薄弱但无恙的身体，可以充分舒展却不至于太劳累。一切的改变都令我不安，虽然表面上可能大幅改善我的情况。我想如果想要拉长命运绑在我身上的细线，则必须好好倾听本性的直觉。”

1777 年年底，康德从康特尔的房子搬到“牛市”的住宅。

克劳斯把自己租住的房子空出来给康德住，康德与克劳斯一样，很喜爱这里周遭的宁静。但这个残破的新住所不怎么舒适。1786 年的冬天极为寒冷，康德抱怨“在里面，我的手指僵硬，思考也停摆”。后来房东把窗户整个砌起来以抵挡刺骨的寒风。由于康德租的只是房间而不是整个一套屋子，因此每天必须在外用餐，以至于成了康德一生的习惯。

康德点菜，不过于昂贵是他的原则，他喜欢从容进食，肉必须全熟，好面包和好酒不可缺少。早年他比较中意红酒，后来渐渐喜欢白酒。如果哪一道菜他特别喜爱，便打听它的食谱及烹饪要诀。如果不好吃，他也不吝批评，以至希佩尔曾开玩笑说，康德迟早会写一本《烹饪术批判》。

当时，康德一天的日程大致如下：早五点起床，由仆人马丁·兰珀（1762—1802 年间为康德工作）叫醒。康德吩咐这位老士兵，由于早起对他而言是很困难的事，因此偶尔会睡过头，因此必须坚持到把他叫下床为止，不可以让他睡过头。对此，康德对自己从未晚起超过半个小时而感到骄傲。起床后，他先喝一两杯清茶，同时点燃烟斗，吸烟斗的时间也是他沉思的时间。康德还为自己订下了只吸一斗烟的准则，但据说他的烟斗一年比一年大。接下来，他准备讲稿并撰写著作，一直到 7 点。他 7 点开始上课直到 11 点。讲完课，继续写稿，直到午餐时间。吃完午餐，散步，之后便与朋友格林一起度过下午的时光，回家做一些简单的工作后是阅读。

康德生活的规律性甚至是有点近乎机械。

家庭生活琐事则由仆人兰珀照料，为他提供干净的衣服，叫醒他准时起床，为他准备足够的存粮，管理房子，完成交代的差事。他有自己的住处，不与康德住在一起。他对自己的单身状况并不满意，他曾不顾康德的反对而讨了一个老婆，并且还因较多的家庭负担为康德带来额外的开销。

拉瓦特（1741—1801）是赫尔德的新朋友，也希望能结交康德。他曾问康德对于《论信仰与祈祷》有何看法，康德在1775年4月28日的回信写道：我们必须把基督教真正的教义和它的福音区分开来。真正的教义与纯粹的道德信仰并行不悖：上帝将支持一切为善的努力，虽然最后的成果并非操之在我。奉承这个宗教的导师（耶稣）以及为恩赐而祈祷则大可不必。”

施塔克（1741—1816）1769年9月28日来到哥尼斯堡，并住在康特尔的房子里，与康德比邻而居。他是共济会的成员，也得到了哥尼斯堡大学教授的头衔。由于施塔克宣称他得到中世纪圣殿骑士的共济会奥秘，因此把在哥尼斯堡的住处改成了“信仰的堡垒”。1773年10月，施塔克答辩他的论文《论圣经古老译本的功用》，接着是1774年3月发表了颇具争议的论文《异教学说如何传入基督教》。他认为，基督教里的许多圣仪来自于异教，许多习俗也可以回溯到古代的秘教仪式。这些圣仪虽然不像门诺教徒所主张的那样应该予以废除，但必须进行审慎检讨，因为它造成了许多教派间的差异。施塔克认为，宗教不应受到外在因素的羁绊，“宗教的目标在于把人类的眼光由尘世引向天国，使得真正的德行以及对于上帝的爱和敬畏能够在人们心里自然生起。如果外在的仪式也接近教义的实质，以帮助我们完成目标，那么宗教便发挥了效果。”

由于谣传施塔克已改信了天主教，哈曼在基普克承诺予以支持后，便开始准备反击。因此在回复康德4月7日有关赫尔德《人类最古老的文献》的信中，他开始对神学系授予这个“罗马教廷天主教异教徒”与“潜伏的耶稣会士”博士学位大表不满。康德回答说：我不认为学院里的新现象有什么奇怪的地方。一旦宗教沦落到以古代语言的批判知识、语言学和考古学作为任何时代或国家的基础，则任何懂希腊文、希伯来文、叙利亚文和阿拉伯文、并熟悉古代文献的学者，就可以任意解释正统教义。或许他们有怏怏不乐之色，却仍然像小孩子一般……因此，我对文献复古主义者长期而没有斩获的胜利感到忧心，他面临的是东方语言学专家的大军压境，而这批人绝不会坐视外人掳掠他们的领域。

1774 年巴泽多（1723—1790）在德绍创立了“泛爱学校”，志在把学生教育成“博爱主义者”，使其过上“有民族情感并且快乐的生活，并对公众利益有所贡献”。巴泽多的教育思想，使康德重新点燃了对教育的兴趣。他于 60 年代读过卢梭的《爱弥儿》，从他担任家教开始，他就关心教育问题。

巴泽多的教育思想，现在已成为主流教育思想，康德作为启蒙运动民主理想的献身者，认为泛爱学校的教育思想可以帮助那些无法认识“更高尚的事物”的民众，其可能会引发一场人类思想的“革命”。

终于有了自己的房子

1783 年 12 月 30 日，始终租屋而居的康德，59 岁时终于买了一幢自己的房子，结束了无理由必须随时准备搬家的岁月。现在，他可以自己决定，觉得很有安全感。

康德买的房子原属于不久前过世的肖像画家贝克尔，是与贝克尔比邻而居的希佩尔介绍了这笔买卖。

那时，康德还受到了外务的影响。1783—1784 年上学期，康德正值轮值系主任，梅茨格向柏林质疑医学系“应该开什么课”，并秘密委托别人在耶拿杂志上匿名抨击哥尼斯堡医学系。作为哲学系主任的康德由于也是评议委员，因此联名致函柏林支持医学系，并指出梅茨格在公务操作上并非无私。然而，耶拿大学医学教授格鲁纳也加入到诋毁哥尼斯堡医学系的行列，使得事态持续扩大。哥尼斯堡大学的教授们要求他道歉，康德以系主任与顾问的身份向校长提出反对意见，这使康德在大学里又多了一个敌人。这些俗事困扰了他的工作，他在 1784 年只发表了两篇短文。

康德 1784 年 5 月 22 日搬进了新家，1784 年 7 月 7 日他偿清了房子的贷款与债务。同时，他把房子的保险额由 4000 金币提高到 7500 金币。但

1784年7月9日，康德就开始忍不住写信向希佩尔抱怨噪音问题，只是这次不是鸡啼，而是监狱犯人高亢洪亮的歌声。

可是，康德所达到的结果只是让他们把窗户关起来，康德也再没有谈起嘈杂的圣歌。教会的祈祷仍不断侵扰着他日常工作。另外，康德也抱怨家门前马路上小孩玩耍的嬉闹，甚至把石头扔过了他的篱笆。他对警察的申诉不但没起效果，警方还声明，在家人受到伤害之前，不许采取任何行动。康德委屈地说："那么得等到我病了或死了以后，才有权利惩罚他们！"

康德的家具朴实无华，因他不喜欢夸耀。这一点，朋友希佩尔与他不同，布置昂贵的上选家具和艺术品，住得如宫殿一般。康德觉得这样的虚夸没有品味。克劳斯曾以康德为典范，为自己家徒四壁而辩护。康德的房间仅有一幅画，就是挂在书桌前的卢梭画像，书房墙壁被烟斗、煤炉和油灯熏得很黑，"以至于可以用手指在上面写字"。舍弗纳就曾在听希佩尔与康德谈话时在墙壁上写字。康德因此问他为何要破坏这层古色，这种自然的"壁纸"不是比花钱可以买到的更好吗？

康德每天下午还是固定拜访因痛风而几乎足不出户的老朋友格林。

康德的日程几乎如此：凌晨5点起床，喝过茶，抽过烟斗后，开始准备上课内容。星期一二四五的7点到8点间，讲形而上学（上学期）或逻辑（下学期）。8点到9点讲自然神学或伦理学。星期三与星期六早7点或8点到10点，教授自然地理学与人类学。有时也在星期六上逻辑或形而上学练习课。上完课后，康德撰写自己的新作直到12点，然后穿戴整齐外出用餐，接下来与朋友一起度过下午，谈论一切值得讨论的话题，有时也谈不甚值得谈论的话题，晚上又进行阅读和工作，然后上床睡觉。这样的生活对于一个教授而言是常见的，康德的不寻常之处在于喜好交游，且在与朋友交往中总是扮演重要的角色。康德是个社会性很强的人，不似许多学究的孤单、闭塞甚至滑稽。其实，这种"对话"对于康德很重要，在一定意义上说，康德的批判哲学就是这种对话的呈现。

1783 年，康德 60 岁，同样的课他已重复讲了 30 年。他曾抱怨这种工作的精神损耗，会使他想到西西弗斯不断推石头上山的惩罚。

康德这个时期重要的学生有：

丹尼尔·耶尼施（1762—1804），1780 年下学期开始上课，除师承康德以外，与舒尔茨及哈曼关系也很密切。哈曼认为他是举世“最好的头脑之一”。1786 年，耶尼施带着一封康德的介绍信离开哥尼斯堡，到了约翰·比斯特那里。后来，他把乔治·坎贝尔的《修辞哲学》译成德文，并在前言里声称，康德哲学非常接近这位常识哲学家的思想，且不停赞叹康德，以至于有个批评者挺身而出批评其毫无批判性的崇拜。

康德“最优秀的学生之一”埃尔卡纳，由于这位年轻犹太人 1782 年发疯，人们指责康德不应该“助长这位不幸的青年过于炽热的企图”。尽管哈曼认为康德“数理形而上学”的艰涩难懂不应该是这个悲剧唯一的原因，但也不认为康德完全没有责任。康德艰深的哲学理论，对年轻人而言显然不是健康食品。后来，埃尔卡纳逃离了哥尼斯堡，辗转投到英国普里斯特利门下，后来又回哥尼斯堡，但这时他对海水淡化问题的兴趣已经远高于哲学问题，不过病况却并没有好转。由此被视为“康德的大弟子”和“释经者”的宫廷牧师舒尔茨与夫人决定对他予以照料。埃尔卡纳后来改信基督教。

康德这个时期最重要的学生是雅各布·贝克，他 1783 年 8 月开始求学于哥尼斯堡大学，和克劳斯比较亲近。1789 年转学到哈勒，然后又转往莱比锡。由于他不喜欢莱比锡大学特别是康德的敌手普拉特纳，于是回到哈勒，跟随康德学派的雅各布（1759—1827）学习。他很独立，他曾写信告诉康德：“我十分地信任您，但也必须承认，在我面对长期不可解的难题时，我一直在信任您与信任自己之间摇摆。”

第六章　纯粹理性批判

《纯粹理性批判》这部著作，康德起初只打算要写一部延伸其就职论文论点的小书，最后完成的却是共计856页的巨著，且大部分内容都是新的，他与赫兹起初一同进行的研究结果与原先的预期有很大的差异，《纯粹理性批判》与初稿相似的地方，总计不超过30页，只在“先验感性论”，即关于空间与时间的讨论，仍然还可看出是其就职论文的痕迹。讨论范畴与知性原理的先验分析论，揭露理性原则矛盾，进而确立理性规范性功用的“先验辨证论”及“二律背反”，不仅在早期作品里看不出任何预示，甚至与就职论文的某些内容还有冲突。《纯粹理性批判》关切的不再是如何保持知性认知的纯粹性，而是证明知性认知必须与感性认知相关才有成为可能，而感性认知也必须以知性认知的成立为条件。而在1770年，他还在强调两者的“差异”。从1781年开始他认为两者是“相互依赖的”，因为“如果没有感性，则对象不能被给予我们，如果没有知性，则对象无法被思维。没有内容的思想是空洞的，没有概念的直观是盲目的。”康德声明：“这是很重要的转折”。他在一段写于1776—1778年间的反省里说：开始时，我是在晨曦的微光中来看理性概念的，因此竭尽所能尝试证明正反两方的论点，其目的是“不举起怀疑主义的旗帜”，而我看到的却是“知性的幻觉”，并想要去发现其构成的元素。因此我接受了“不连续性理论”，而这对于本体的存在者的纯粹知识而言却只有负面意义，因它只能说服那些相信科学及科学发展可以达到真理的人们必须“搁置”下来，理解了这一点，我的这部作品也就算是完成任务了。

1781 年 7 月 22 日，哈曼看到了装订成册的《纯粹理性批判》，尽管他把它“当作早餐”而没有当作大餐。

总的来看，康德“批判哲学”的发展过程，至少有两个决定性的事件，一是大约在 1769 年，放弃了“连续性理论”，其二是在 1771 年，发现了“休谟的问题”。人们对他“连续性理论”的批评与休谟《人性论》最后一节的观点，使他修正了自己过度肯定理性能力的立场，这在 1772 年 2 月 21 日致赫兹的信里可以看出。康德 1775 年的哲学立场可以在《杜伊斯贝格遗稿》及演说课笔记里找到。1778 年，康德开始构思可以统摄整个体系的一般原理，并因而开始写《纯粹理性批判》的主要章节。

康德声言，《纯粹理性批判》这部作品，大部分内容是在 70 年代晚期构思撰写的，而让康德史上留名的大部分著作是 80 年代与 90 年代初完成的，这个时期，他几乎完全投身于著述。1792 年，在一门逻辑家教课上，为了说明思考和写作方法，康德向学生们承认，开始他也不清楚《纯粹理性批判》的“目标”在哪里。通过近 11 年的逐步构想，康德才渐渐明白批判哲学的核心是什么。最后他发现，一切问题包含在这个问题当中：“先天综合命题是可能的吗?”如果答案是肯定的，但我们能够给予对应的直观吗？如果直觉不成立，则这个命题不可能。康德告诉学生，如果思考或写作有方法，那必须知道：（1）要阐述的究竟是什么；（2）阐述的关键在哪里。

德国读者了解康德的批判哲学，起初并不是经由康德自己，而是经由希佩尔出版的题为《步步高升的生涯暨指导附录》小说。这部小说共三卷，分别在 1778 年、1779 年和 1781 年问世。在这部作品里，希佩尔以

“爷爷哲学家”与“系主任先生”的身份扮演角色，“肆无忌惮地揶揄了康德的性格”，而康德的仆人兰珀则变成了祖母。希佩尔在作品里还杜撰了康德作为主考者的角色。在考试场景的描写中，希佩尔完全采用康德当年的口气：“依照惯例，我们要不然就是根本不考外国学生，要不然就是随便考一考。”在他的小说里，希佩尔将自然哲学与人工哲学作了对比，认为自然哲学是真正的哲学，而人工哲学则只是教人打发时间的文字游戏。希佩尔说：“还有比这些懂得开玩笑的人更适合作人工哲学吗？如果非要有个标记，那便是魔术箱。”对希佩尔而言，康德的批判哲学便是人工哲学的一种。

由于希佩尔这部作品几乎一字不漏地摘录了康德“哲学全书”与“人类学”讲义的片断，因此后来招致了剽窃的指控。康德 1796 年 12 月在公开的“有关冯·希佩尔作者身份的声明”中证实了希佩尔的确引用了他的讲义，但为希佩尔作了辩护，希佩尔学说的某些片断是“断断续续……流入我的讲义里，一步一步地接近了我的脑子里构想中的系统，这整个系统要一直到 1770—1780 年间才成形”，而那些片断便是由希佩尔记录下来的。康德还在他的哲学百科讲义里幽默而宽厚地说：“我们是有幽默感的人，而一个哲学家如果不照着自己的学说来生活，我们也不怪他。”

《纯粹理性批判》的内涵

康德《纯粹理性批判》问世之时，康德已 57 岁。疑病症困扰了康德一生。他早年有心悸病，现在，忧虑则影响到了他的肠胃。

由于当时的医学还不足以应付他的病症，有人认为，这些病是精神官能症造成的，有人认为是他的哲学思考造成的。还有人认为，他的哲学成就在某种意义上源于他的疑病症。对此，康德没有表态，不过认为他自己的长寿却应该归功于疑病症迫使他悉心照顾了自己的身体。康德还进一步引申，他的批判哲学可以形象地比喻为是为克服“形而上学虚胖”而提出的“节食菜单”，因为哲学所关切的对象超越了我们仅仅靠发挥动物性机能的能力。

1. 各门科学的理性基础

康德的批判哲学，旨在回答哲学始终重要的三个基本问题：“我可以知道什么?”、“我应该做什么?”、“我可以希望什么?”而他的《纯粹理性批判》（引文主要采用邓晓芒译《纯粹理性批判》，人民出版社2004年版——编者）处理的是第一个问题，以康德自己的术语来说便是：“我们可以先天且独立于经验地认识到什么?”康德要回答的是：知识的形而上学基础是否可能？康德说，它的任务在于解决一个“普遍的问题：来自纯粹理性的知识如何可能?”，其任务也包括“一般形而上学是否可能”的问题。

康德认为，“先天认识论条件”的本质就是“形式”，一切知识都臣属于它。由此，康德进而把形式分为三类：感性形式，知性形式，理性形式。

（1）感性形式。是空间与时间形式。康德认为，空间与时间形式既不是“自在之物”的性质，更不是时间和空间本身，而只是我们认识世界的主观感性条件。

（2）知性形式。知识依赖先天知性形式所形成的基本概念。康德在“先验逻辑论”的“概念分析论”第一部分讨论了先天概念，他借用亚里士多德用语称基本概念为“范畴”。

（3）理性形式。康德把“理性形式”称为“先验理念”。先验逻辑论

第二部分讨论的是“先验辩证论”。

2. 粉碎一切形而上学

在“纯粹理性的谬误推理”部分，康德认为，传统人类灵魂学说认为灵魂是实体性的、单纯性的、同一性的、对象相关性的等观点，都是建立在谬误推理基础上，先验的辩证理性使我们推论出与经验无关的东西。不但如此，由于传统哲学把通过辩证法形成的假设性知识误认为是真实的知识，因此使人类的思维陷入了自相矛盾的境地。因此在先验辩证论里，康德最后证明，由于理性存在经验现象学的限制，因此传统哲学关于“灵魂本质”、“世界全体”与“上帝存在”的证明都是无效的，理性心理学、哲学宇宙论及理性神学是注定要失败的。

《纯粹理性批判》对本体论的消解，为康德带来“粉碎一切者”的头衔。

3. 关于上帝

根据以上得出的结论，康德在“纯粹理性的理想”章节里，还对上帝的观念进行了讨论：我们必须假设上帝的存在，但却无法证明上帝的存在。

康德通过认知与信仰的划界，在认知领域把上帝请出了理性世界，但通过道德，在人的经验世界之外无限的超验世界里为人类留下了人类信仰足够的想象空间。

《纯粹理性批判》的最初反响

在《纯粹理性批判》问世之际，康德不仅希望它被理解，而且期盼其他学者会群起而响应他的理论，特别是想知道门德尔松的看法，因为他认为门德尔松是可以把我的理论介绍给世人当中最重要的一个。他也希望加尔弗利用他的声望与影响力，能恰如其分地评价这部作品。为此，康德在写给赫兹的一封信中形容他的研究主题是关于“形而上学的形而上学”，并透露他有办法让它“广受欢迎”。

但该书出版不久，康德就招来了严厉的批评，指控他的著作使用了太多怪异的新语言，使他的哲学无法完全被人理解。当他从赫兹口中得知门德尔松把他的这本书搁置到了一旁，且并不打算继续读下去时，他深感不安。门德尔松自己也委婉地表示，由于自己有神经衰弱的困扰，因而无法进行深入的分析。康德意识到，事情的发展不如他的预期。

《纯粹理性批判》最早的书评出现在1782年1月19日的《哥廷根学术报》上，它把康德的新著归类于英国唯心论与经验主义传统。为此书评还谈论到了唯心论与经验主义哲学家贝克莱与休谟，并且指出，康德对于实体性的自我质疑，其实休谟已经说过了。

1782年的《哥达学术报》又出现一篇书评，认为康德的《纯粹理性批判》“是人类高贵而细致的理性的典范”，可以为“德意志民族带来新的荣耀”，不过，它的内容“对绝大多数的读者而言将是难以理解”的，因此它“不只为学生，而是为将来的教师而作”的，它的主要读者对象是“形而上学的教师”。

康德认为，自己找到了“既不偏向休谟所对抗的独断论，也不偏向取而代之的怀疑主义”的“中间路线”，于是康德写作了新的“形式科学”——《未来形而上学导论》，对其《纯粹理性批判》进行辩护。

康德批判哲学及引起的热烈争辩，使得康德已然成了一个名人。舒尔茨的《康德纯粹理性批判评释》1784年底问世，康德在哥尼斯堡得到了一个捍卫者。另外，施密德的《康德读者简明辞典》（1786）及《纯粹理性批判梗概》（1786）都在讨论康德的第一批判哲学。门德尔松在其颇有影响力的《晨问》（1785）中也谈到了“粉碎一切”的康德。而约翰·贝林在马堡教授康德哲学，虽然当地政府几乎明令禁止该课程。雅各布在哈勒讲述康德著作。赖因霍尔德在《德意志水星报》发表“关于康德哲学的书信”，对于推广康德的批判哲学的贡献很大，特别在关于泛神论的笔战中，把康德哲学推向了哲学讨论的中心。

在耶拿，还有两个学生进行了一场决斗，因为一个学生指控对方没有真正理解《纯粹理性批判》，并讽刺他必须花30年的时间研究才能理解它，且必须另外再花30年的工夫才有资格评论它。

第七章　实践理性批判

《道德形而上学基础》

1784 年 9 月初，康德把《道德形而上学基础》寄给了出版商，8 个月后的 1785 年 4 月便与世人见面了，然而这本书却酝酿了 20 年。康德是在 1781 年底 1782 年初才着手处理这一问题的。1781 年 5 月 7 日，哈曼要求出版商哈特克诺赫催促康德出版其有关“自然形而上学”和“道德形而上学”问题的书籍，于是哈特克诺赫 11 月便向康德提出出版建议。1782 年的年初，哈曼告诉哈特克诺赫，康德已经着手撰写。1783 年夏，康德表示，他可以在冬天完成这部作品。可三年后，康德才交付了《道德形而上学基础》，且这只是有关“道德形而上学”的初步研究而不是系统研究，其原因是：首先，关于“第一批判”的通俗缩写版即《未来形而上学导论》占去了他很多时间。其次，新居购置与整修的困扰让他分心。

《道德形而上学基础》是康德第一部处理道德哲学或伦理学的专著，其包含一篇简短的前言，三个主要部分及一个简短的结语。该书虽然前后只有 60 页左右，但运笔有力，是康德最有影响力的作品之一。

康德的《道德形而上学基础》把“自律性的自由”作为“道德的最高原理”，首次清楚地表述了“定言命令”的内涵。然而同时，康德为信仰留出的空间却是不可言说和证明的，由此他把道德哲学带到了比加尔弗与西塞罗更“不确定的立足点”之上，使得哲学“不管在天上或在地上，都已经没有任何倚靠或根基”。

康德从其哲学引申出的相关观点

从世界公民的观点撰写通史的想法：自由与目的

康德把《道德形而上学基础》寄给出版商后，马上开始为《柏林月刊》撰文。第一篇文章题为《从世界公民的观点撰写通史的想法》，发表在1784年11月号上，这篇短文是对2月11日《哥达学术报》一篇文章的响应。该文说：康德教授偏好的一个观念是，人类最终极的目标在于建立一部完美的宪法，而且他希望会有个哲学史家为此撰写一部人类史，并且证明在不同的时代里，人类什么时候趋近了这个终极目标，什么时候远离了它，有待完成的工作是什么。

康德采取目的论自然观对“自然合理化”进行了“先验论证”，因为人类进步史的必要前提是自然目的论，只有这样，历史的“宏观叙事”才是可能的。康德在论文里认为，唯有我们假定自然理念的存在，这样的历史著作才是可能的，它是“从世界公民的观点撰写通史的想法”的必要条件。因为只有自然理念具有必然的合理性，“从世界公民的观点撰写通史的想法”才是合理的。试想，在无理性的自然界中观赏且赞叹造物者的荣光与智能有何意义？如果自然不存在理性的意图，人们自然会放弃这个没有意义的世界而希望转向另一个世界。

这篇论文从自由意志与自然现象出发，把历史理解为有时间先后次序的现象学科，即“如果我们以宏观的尺度来观察人类意志的自由行使，将可在自由的行为实践中发现秩序”，而这样的秩序不能归因于人类的理性目标，而必须在自然中找到原因。

康德为了寻找“宏观尺度下的人类自由行使”的“指导原则”，以独断的方式提出了九个命题：第一，自然造物的潜能“注定”会发展实现。第二，人类理性有个特性，即只能在种属里而不能在个体里发展，因为我们的生命过于短暂。第三，自然使人类靠理性的发展超出了动物机械性本能的能力，且能满足与本能无关的幸福与完美。第四，自然经由社会对抗让人类的能力得到发展，并导致法治社会“不和睦的和睦"。虽然人们时而无法互相忍受，但仍寻求他人的赞许与尊敬。第五，自然给人类的最大难题是如何创造“一个共同维系普遍正义的市民社会”。第六，因为人类在与其他人相处时利用他人的习性，因此人类是需要主人引导的动物，而这个“主人”却只能在人类自身里找到。这个工作相当困难甚或不可能，因为“人类是曲木，你不可能把它做成平整四方的家具”。第七，一部完美的市民宪法与国际关系法律规范息息相关，后者若无适当的解决，前者就无法完成。第八，宏观人类史可以视为“潜藏于自然里的计划”的实现，其最终目标为完美市民宪法及国际关系法律规范的建立，以保证我们自然能力得以无碍地开展。第九，基于以上理由，从世界公民角度撰写通史不仅可能，而且有助于推进自然本身的目的。

康德的这篇学院派习作，虽然具有独断的成分，但却具有巨大的实践意义。尽管哲学家没有能力促进自然的目的，并为完美宪法的发展作出具体贡献，但他对统治者可以扮演仲裁者与批评者的角色，以提示人类审视、提示或纠正统治者及其追随者由于愚昧或野心造成的不幸。康德当时对国家关系与法律规范的分析，可以视为是对腓特烈穷兵黩武治国方针的暗讽。

什么是启蒙?

1784年12月，康德发表《什么是启蒙?》，回答了策尔纳（1748—

1805）所提的一个问题。策尔纳是柏林启蒙思想家，曾响应《柏林月刊》一篇文章主张牧师与官员不应继续在婚礼中扮演任何角色，且婚礼中的宗教仪式与启蒙精神有冲突。策尔纳认为，时下，道德原则已经动摇，而对于宗教的蔑视，将加速其败坏。一个人不应假“启蒙”之名迷惑人心。为此，策尔纳在文中的一个注释里提出了“什么是启蒙”的问题：“这个与‘什么是真理’同等重要的问题，必须在我们开始启蒙以前确切地回答！然而至今我还没有在任何地方看到答案。”

策尔纳的提问，引发了一场激烈的辩论，其中康德的回答最具哲学性，确切地说，是最根本的。康德论文里第一句话就是：启蒙意谓“人类走出自己招致的懵懂”，即无法在没有人指导的情况下使用自己的知性，其原因不在于缺乏理智而是在没有他人的要求下缺乏独立使用理性的决心与勇气，启蒙唯一的绊脚石是“怠惰和怯懦”，因此启蒙就是“勇敢地使用理性”。

康德核心观点认为，启蒙是人类的使命。最后，康德分析了腓特烈统治下普鲁士所面临的矛盾。作为君主专制国家，普鲁士拥有“一支纪律严明而且庞大的陆军”以“维持安定”，同时，使得公民的个体自由受到了专制的威胁，但它容许连共和国都不敢开放的宗教自由，使得精神自由成为可能。康德说：“如果任其悉心保护的嫩芽自然绽放，亦即对思想自由的渴望与呼应，那么它将逐渐地对一个民族的思想方式产生影响（以至于它慢慢学会行为实践的自由），最后甚至影响一个政府的根本原则，使它发现有尊严地对待人民（毕竟它不是一部机器），是符合它的利益的。再次，哲学在国家中的角色被定位为呈现自然本身原有的目标。思想的自由将催生更大的公民自由……普遍启蒙的障碍……已渐渐减少”。而无论腓特烈在其他方面的功过如何，他作为一个君王是“出色的榜样”，因“吾王在各国君王中无出其右”，他让世人知道人类在艺术和科学上不需要任何管制。但腓特烈统治的普鲁士，自由还局限于“宗教的思想自由”，而没有延伸到政治自由。

康德认为，政治自由是未来的大势所趋。因为“使用理性”唯一的条件是“在一切事物上公开使用自己的理性的自由”。虽然个人要摆脱外来的监管并非易事，但集众人之力便有更大的机会。具体而言，理性的公开使用，指学者或作家“在广大的读者群面前”自由使用其理性的权利，也就是出版自由。康德承认，在官僚机构或公务中，理性的“私人使用”可以是不自由，甚至不应是自由的，因为服从是官僚机构的原则。我们必须规矩地缴税，神职人员或牧师必须依教会的规定讲道。但康德认为，限制公众的思想启蒙，则是“违反人性的犯罪行为”。

哈曼也不喜欢康德的“什么是启蒙”，因此他继续写文章反驳康德，但这些稿件都没有发表。他在1785年降临节第四个星期天写给克劳斯的信里质问道：“这是什么样的良心呢？一个戴着睡帽坐在壁炉前面绞尽脑汁玄想的人，指控未启蒙者是懦夫，同时却有一队追随者组成的大军盲目接受他的指导，捍卫其神圣不可侵犯性与正统性。一个人怎么可以如此取笑蒙昧之众的怠惰，如果这个英明的指导人甚至不把他们看作机器，而是仅仅把他们视为庞大的概念之下的影子？”

莱辛对康德的“启蒙”也感到不快，他写信给尼古拉说：“请不要再告诉我柏林有多么伟大的自由。在那里唯一的自由不过是一个人可以随意写写反对宗教的小册子……告诉我在柏林有哪一号人物胆敢为可怜的臣民争取权利，大声反对剥削与高压统治？这样的人如今在法国与丹麦已经比比皆是，不久之后你将会知道欧洲最奴役而没有自由的国家是哪一个。对于像康德这种经过‘审查’的知识分子而言，腓特烈大帝的普鲁士诚然是个好地方。但它却不是一个生活的好地方。在这种处境之下，康德的文章真是对受害人的侮辱。”

“论月球上的火山”与“翻印书籍之非法性”

1784年12月，康德又寄了两篇文章给比斯特：“论月球上的火山”与

“翻印书籍之非法性”。前者刊登在1785年《柏林月刊》的3月号上，讨论了埃皮努斯1784年在《绅士杂志》上发表的意见，即认为赫合尔1783年发现月球上的火山证明了他自己的理论，就是说月表凹凸不平的原因在于火山活动。康德则认为，赫合尔的发现可以用非火山的活动来解释。在详细讨论了替代性解释方案后，康德进入了一个更广义的讨论，认为所有天体“皆以类似的方式成形，它们在一开始皆呈液态”，因为其球体的形状证明了这一点，而且必须预设高热状态曾经存在。随之，康德进一步自问：高温是从哪里来的呢？布丰的解释是来自太阳，但康德不满意。康德提出的假说是，固体产生自气体的压缩，因此高温随之产生，这只需引用简单的物理定律即可说明，同时也可解释太阳热的来源。在碰到困难现象无法解释时，便以上帝的意志与蓝图来作遁辞。

1784年底，康德在一封给比斯特的信中说：他“经年累月地搜索枯肠，所以写作的材料不会短缺，缺乏的只是选择特定的题材的理由，以及时间，以至于无法重拾某些中断的工作，因为我手上有一个卷帙浩繁的计划，希望能在年老体衰之前完成”，因此“在这种情况下，一个心思敏锐而心地耿直的朋友可以带来很大的帮助。”康德在哥尼斯堡“敏锐而耿直的朋友”，即商人格林。

康德的“翻印书籍之非法性”发表于《柏林月刊》1785年5月号。康德认为，反盗印的理由不在于著作权的保护，而是因为出版商是作者的代理人，因此如果不经作者允许而翻印一本书，便是在没有接受委托授权情况之下代作者作出决定，因此必须为自己的非法行为补偿作者的损失。有人认为，康德发表这个论文，可能是由于康德已著作等身，他的书可能已开始成为盗印目标。这篇文章可能出于保护版权的动机。

自然科学的形而上学基础：“所有真正的自然科学都需要一个纯粹的部分”。

哈曼1785年3月28日写信告诉赫尔德，康德“正在为《柏林月刊》写一篇新文章，讨论自然的形而上学及物理学，其道德基础也将在复活节书展里出现。他计划反驳加尔弗的附录将不会写成，据说他删节了这份稿件。他目前似乎有腹泻的困扰，而且我担心他会因为作品产量太多而毁了作家的名誉”。

的确，康德从1784年春到1786年秋期间，作品多得惊人，不只完成了《道德形而上学基础》、五篇论文、三篇关于赫尔德《哲学思想》的书评，而且还另外写了两篇短论，为雅各布的《对于门德尔松的‘晨间’的审视》作了序，还有另外一部专著《自然科学的形而上学基础》。他有长年累积的教学资料可以应用，且有个抄写员供他差遣，其作品无论在量上还是质上，都达到了令人诧异的程度。

康德在1785年9月13日的信里表示，他夏季完成了一本著作，但因手伤缘故，手稿将在他的书桌上留到复活节。后来，这本新作的确于复活节出现在莱比锡的书展当中。9月13日，他在信中说明了本书的宗旨：在我着手进行从前所承诺的自然形而上学以前，我必须先处理一个仅仅涉及其实际应用的问题，但它还预设了一个经验性的研究，即物体论的形而上学基础，也会在附录里讨论灵魂论的形而上学基础。灵魂论后来被删除了，因为数学无法应用到内在感知，或也无法处理其法则，因此对于灵魂的经验性知识永远无法成为科学，因为一个对象里面有多少数学，便有多少科学性。因此，以内在感知为基础的灵魂论无法成为《自然科学的形而上学基础》（《自然科学的形而上学基础》，邓晓芒译，上海人民出版社2003年版）里面的一部分。

在康德的观念里，科学仅具备经验的确定性是不够的，必须要有必然的确定性，且必然的确定性只能是先天的。因此，我们只有“先天地认识了自然法则以后”，才能拥有自然科学，即是说，“一切真正的科学都需要一个纯粹的部分，以便能建立理性追求的必然的确定性”，而这个纯粹的部分只能来自普遍性的思想法则，最终以范畴为基础。康德的理论进路是在“四个知性概念”下去探讨物质，即质、量、关系和模态。是故，这本书分为四个部分，分别涉及运动学、动力学、力学与现象学的形而上学基础。该书的四个部分又细分为界说（最好译成“定义”）、说明、命题、定理与证明。

第一部分，康德提出了物质、运动、静止、复合运动等概念的定义，并说明了以下原理：“作为可能经验的对象，所有运动皆可以视为物体在静止空间里的运动，或者是物体静止，而空间以等速朝着相反的方向运动。”由于康德的“运动论”不考虑“动因”，因此他在把物质定义为“在空间中移动者”，同时，借机区分了两种空间：“其一是可移动的，亦即物质的或者相对的空间，其二是一切运动最终指涉的空间……即纯粹的或者绝对的空间。”

第二部分，康德讨论了动力学的形而上学基础，即作为运动原因的“动力”。康德在“实在”、“否定”与“限制”等范畴架构里，讨论物质的问题。首先，他将物质定义为“充满空间的运动物”，并解释“充满空间”的含义是“对一切努力以其运动侵入某一确定空间的运动物加以阻抗”，由此衍生了定理一：“物质充满一个空间并非通过其单纯的实存，而是通过一种特殊的动力。”接下来，用六个界说与七个定理说明“形而上学和动力学”的物质概念。例如，关于引力与斥力的定义便根据该命题得出来，认为物质以斥力占据空间（命题二）。然后他主张，物质可以“无限地被压缩”但却是不可透入的（定理三）。他还根据定理三批评了笛卡尔等人认为借物质的扩延可以导出其不可透人性的观点。接着，他又论证物质是无限可分的（定理四），引力是物质存在的必要条件（定理五、六），引力是一个物体通过空的空间对另一物质产生的作用（定理七），而宇宙里存在着无限延伸的本源引力（定理八）。康德相信，自己已成功证明了所有外感对象的实在物，其性质若非单纯的空间性，就“必须视为力”。因此，他认为自己已经把坚实的或绝对的“不可透人性”的“空的空间理念给逐出自然科学”。由于“以原子论或微粒子哲学为名……的机械的解释方式”，必须依赖绝对不可透人性的理念，由于这个理论“对数学而言十分便利”，因此从德谟克利特到笛卡尔一直很有影响力，但它却没有任何意义。康德的这个发现，对于看待牛顿及其追随者的理论带来了变化，因为这个理论蕴含了原子论思想。然而，康德的“力”的观念，又步入了牛顿思想的另一个侧面，即对于万有引力的坚持。

第三部分，机械论的形而上学基础。虽然康德的运动法则很接近牛顿的三大定律，但其定理二、三、四并不与牛顿第一、二、三运动定律完全对应，虽然康德称他的第二定理为“力学的第一法则”，其实是质量守恒定律。康德的定理三，他称之为力学的第二法则，其实与牛顿第一定律，即惯性运动原理几乎相同。康德的定理四与牛顿的第三定律几乎相同。牛顿与康德之间的差异之一是：牛顿谈“力”，而康德谈“原因”。由此，康德陈述的这些法则是形而上学而不是科学。

第四部分，“现象学的形而上学基础”，康德之所以定义物质为可运动的，“因为它们可以成为经验的对象”。康德从区分经验性空间与绝对空间的差别作为出发点，认为绝对空间“什么也不是”，其根本不存在。一切运动都必须以物的相对位置来描述，因此，绝对运动是不可能的；另一方面，若所有运动都与物相关，那么“对于所有现象都普遍有效的运动或静止的概念也是不存在”。然而，我们却有赖于这些概念去理解“相对”空间的意义，因此我们必须设想绝对空间以作为理性的规定性概念。

康德企图以形而上学基础去弥补牛顿物理学的问题，显然出他对莱布尼茨思想的引入而具有了形而上学的因素。为此，康德的一个学生基塞韦特1795年曾评价说，由于与康德同时代的人几乎不知道如何对待这本书，因此愿意花时间去钻研《自然科学的形而上学基础》之人“寥寥无几”。康德自己也没有放很多心思在这上面，在他誊写完手稿后，便着手其他工作了。

“泛神论的论战”——观念论还是实在论：支持“理性宗教”

1780年7月，莱辛向雅各比承认自己是斯宾诺莎主义者，即是说他是自然神论者。在当时，这样的自白是很危险的，因为斯宾诺莎被视为“撒旦一般的无神论者”，而其泛神论更是被视为“魔鬼式的假说”。幸运的是，莱辛死于1781年2月。莱辛的理性主义精神，使他否认一切超越性上帝的实在性。雅各比公开了他与莱辛的对话，于是，门德尔松开始与他就莱辛所谓斯宾诺莎主义开始了书信往返，门德尔松对雅各比说，他不相信有这回事，且要挽救朋友的名誉，即便莱辛说过这样的话，也不可能是他所理解的那个意思。1785年，门德尔松出版《晨间》，系统讨论了泛神论问题。

由于雅各比担心门德尔松会披露他们的私下争议，决定先发制人而发表了《论斯宾诺莎之学说：与摩西·门德尔松先生的通信》，并在1785年出版，公开了莱辛的告白与门德尔松致雅各比的私人信件。对于信件的披露，雅各比的解释是他有更重要的目的，即认为莱辛比其他理性主义思想家更诚实。而雅各比则认为，斯宾诺莎主义与其他的思辨体系并没有什么不同，因为“莱布尼茨和沃尔夫的哲学的命定论色彩并不亚于斯宾诺莎的思想”。旋即，雅各比遭到了猛烈的批判，这不仅是因为他泄漏了私人秘密，也因为他的观点，特别是他未经哲学反思而诉诸信仰的蒙昧主义更加为人所诟病。1786年，雅各比的朋友托马斯·魏茨曼试图为雅各比辩解，他在《雅各比与门德尔松的哲学结论：一个局外人的观察》里认为，门德尔松的“常识”概念与雅各比的“信仰”原理归根究底是相同的。

雅各比1787年发表《大卫·休谟论信仰，或观念论与实在论》，在指控休谟是蒙昧主义宗教的散布者的同时，在以“论先验观念论”为题的附录中也严厉地批评了康德，其实这个批评不过延续了里德对休谟的批评和哈曼对康德的“批判观念论”的反思。雅各比着重探讨了“外在对象的实在性”问题：实在论者所谓的实在对象是独立在我们的表象以外的对象，先验观念论者会说那只是内心的存在者，并不代表任何外在于我的或为现象所依附的事物，完全没有客观实在性，只是心灵的主观规定。再者，根据康德的说法，即使是我们称为自然的现象界当中的法则和规律性，也是我们自己置入的，而且如果不是我们自己心灵的本性置入的话，将永远不会在“自然”里找到它们。这证明：如果康德主义的哲学家主张说，有对象在感官里留下印象，如此刺激了感觉，并且产生表象，那便是违反了他的体系精神，因为根据康德的学说，经验对象只是现象，不可能存在于我之外，除表象之外无他……是知性把客体加诸这些对象的。对象在感官里留下印象的说法，的确与康德的观点对立。尽管如此，如果没有这个预设，我们无法想象康德的论点要如何出发。换句话说，康德的知性范畴其实是“感官知觉的性质”。

雅各比质问：为什么“理性的法则”的必然性高于“感官知觉的法则”？为什么思想法则是“客观的”，而感官知觉的法则却是“主观”的？这个问题，不只是康德，也是所有理性主义者必须面对的问题。理性主义者推崇理性而贬抑感性，无非是一种偏见。他认为，康德体系自身便预设了感官知觉的法则，而范畴只是感官知觉原理的模糊影像。如果没有预设感官知觉原理，康德的体系便不可能成立，先验观念论就更无法去把握“就先验的理解而言在我们以外”的“对象”了。对象观念是基于“感官知觉真实且奇妙的启示”，只有实在论者才能够拥有这样的观念，因为感官知觉是受外在作用而产生的被动状态，感觉知觉不得不预设一个导致该状态的对象，而使常识具有对象。于是，雅各比宣称康德哲学存在内在矛盾：“如果没有这个假设，我无由进入康德的体系，但在这个假设下，我也无法停留在这个体系里。”康德的批判哲学，将感官知觉刺激造成的影响排除在思想以外，将日常语言影响排除在思想概念以外，通过如此的“净化”工作，突出了“纯粹理性”的特质。其实，根本没有所谓的“纯粹理性”。就像哈曼在其《元批判》里所主张的那样，理性总是被感官知觉和日常语言“污染”的。因此，任何‘理性的批判，必然包含对于理性的先决条件的批判，亦即感官知觉和日常语言的批判。同时，雅各比也拒绝接受康德的“自在之物”概念。

赫尔德也在 1787 年发表了《上帝：若干对话》，加入这场论战，试图为斯宾诺莎平反，将泛神论的论争推上了新高峰，并借此对康德作了许多卑鄙的攻击，且掩饰手法相当拙劣。因此这个举动，反而使康德的批判哲学更加名声远扬。但是，这些批评却播下了种子，导致同时代年轻的思想家在康德死前便背弃了他的体系。

康德一直密切注意着这场论辩的进展，在雅各比宣称自己的立场与康德相似后，在《柏林月刊》编辑的怂恿下，康德决定为门德尔松辩护。其实，他先前就已写信向赫兹表明，他早就计划要写一些东西对雅各比的“怪论”提出意见。1786 年 8 月，康德提交了“何谓在思想中确定方向?”利用为门德尔松辩护的机会，介绍了他自己的实践哲学。康德以门德尔松的启发原理为出发点论述说：“在理性的思辨当中，我们有必要有某种准绳，有时称为常识……有时称为健康的理性，或者朴素的知性。这样的准则不仅掏空了门德尔松自己的思辨形而上学，而且容易导致狂热与理性的翻覆。因此魏茨曼、雅各比的“信仰”其实与门德尔松的“常识”导致了同一个结果。

康德力图想让门德尔松跳出“自我困境”，同时让雅各比知道理性里有“信仰空间”，即我们可以通过主观“去感觉理性自身的需要”而确定信仰的方向。理性需要是双重的：实践需要与理论需要。第一种需要就是在《纯粹理性批判》中已经详述的，其可概括为如下的条件句：如果我们想正确判断偶然事物的第一动因，尤其是对于世界真实目的的秩序，则我们必须假定上帝的存在。但对此我们仍然有选择的余地，也就是说，我们不一定要对于第一动因作出判断。相反的，理性在实践上的需要则是绝对必需的且无条件的。康德认为，判断是不可免的，“因为理性的纯粹实践用途在于道德法则的规定，而一切道德法则都指向在世界里可能的至善”。由于最大的幸福与最严谨的道德法则互不抵触，因此至善有两个元素，其一是《道德形而上学基础》已讨论的“定言命令”，其二是与道德价值一致的“幸福生活”。只是，道德与幸福之间并没有必然的关联。尽管我们经常看见好人命运多舛，我们还是必须相信善行可以把世界改变得更好。

因此理性有必要相信，与道德成正比的幸福是可能的，尽管自然不会促成这样的结果，只有道德行为者才能有如此的能力。因此，由于至善的缘故，道德行为者必须假定一个原因使至善成为可能，我们必须假定神的存在。这个新看法，预示了康德《实践理性批判》中心论点的萌芽。

但是，康德指出，理性的这个需要并不能证明上帝是否存在，而只能证明理性信仰的合理性，因为“任何信仰，包括历史性的信仰，都必须是理性的（因为真理的试金石始终是理性）；理性的信仰除了纯粹理性本身的预料以外，没有任何外来的凭借。”据此，康德主张用“理性信仰”取代门德尔松的“健康理性”，以使我们在理性的思辨里能确定正确的方向。

康德认为，没有信仰是不可以的，因它将导致“我行我素”或“原则上不再承认任何义务”，因此唯有使理性成为“俗世的至善，亦即真理最终的试金石”，才能企求时代的启蒙，而不仅是个人的启蒙。门德尔松对理性没信心，而雅各比则全盘否认理性以接纳信仰。他们以诗意自然观来取代科学或道德的思考，其有极大的负面效果，即由于雅各比与门德尔松都失去了信仰的正确方向，因此两者都为狂热主义开了大门。由此，康德请求他们，“作为人类的朋友”，不要屈服于非理性的恐惧，而应继续对抗迷信与狂热，为启蒙而奋斗。

康德在另一篇文章《关于雅各布比对于门德尔松‘晨间’的审视的几点意见》是为雅各比 1786 年新作撰写的前言。雅各比 1786 年 3 月向康德探询是否确有谣传康德将撰写一篇批评门德尔松的文字的事，康德回答他说是谣言，并以这篇前言兑现了雅各布比的鼓励。康德在写作了“何谓在思想中确定方向?”并寄给比斯特的同时，写作了前言并寄给了雅各比。康德批评了门德尔松的两个“准则”，其一是，哲学派系间的一切争端不过是语意上的吹毛求疵，其二是在一个问题得到充分讨论之前就关闭讨论的大门而把问题压制下去。康德认为，门德尔松对于常识的诉求，等于是怀疑整个纯粹理性批判的构想。

这个时期，康德还为胡费兰的《自然法原理初探》（1785）撰写了书评，其发表在1786年4月的《大众文学报》上。康德对这本书颇有好感，因此在赋予简短概述和正面评价后，着重强调了自己的看法：“只涉及纯粹意志形式而与对象无关的原则”，对于“实践法则的建构以及义务的演绎”是不充分的，并由此进行了补足论证。胡费兰主张，关于义务的学说并不属于自然法的讨论范围，康德不同意这一点，认为一切自然法以先天自然义务为基础。

在这期间，面对各方面的批评，康德还对即将在1787年问世的《纯粹理性批判》第二版进行“大幅度的修改”，以澄清目前为止所造成的误解，为此“许多段落即将删除，另外将补上新的材料，以作更详尽的解释”。而实际上，康德认为，这本书“不需要作任何根本的改变，因为在下笔写这本书之前，我已经作过足够的思考。再者，体系的每个主张都经过反复的推敲，无论单独检索或由整体观之，皆一再证实没有讹误。他在信中还表示，他必须先搁置形而上学系统，把时间挪用在道德哲学系统。这是前者的姐妹篇，而且远较前者容易完成。”

但是，1787年1月初，他曾向哈曼抱怨，修订第一批判的工作比他想象中困难得多。可是，他在两个星期后便把书稿寄给了出版商，注明日期是1787年4月。看来，第一批判的修改幅度并没有康德八个月前计划的那么大。其修改主要包括：一个新题词、新序言，导论的部分修改，先验演绎、唯心论的驳斥、纯粹理性的谬误推理，现象与本体章节的部分修改，再加上一些枝节增删。这些修正有个共同的目的，那就是让这部著作更易于让人了解，且减少其“唯心论”的色彩。此外，道德与宗教问题的分量略有增加。

康德的批判哲学在哥尼斯堡引起了讨论，特别是他的道德哲学。哈曼于1787年4月17日参加由康德在哥尼斯堡最早的学生费舍尔（1745—1801）主持的礼拜，讲道主题是《登山宝训》。费舍尔认为，“不要论断人！”这个教训的真正意思是“论断人前须三思”！因为我们只能论断行为而不能论断存心，因“存心是不可论断的”。康德也认为我们不可能认识我们的存心。但与费舍尔的观点相比，康德更喜欢费舍尔“简洁洗练”的讲词。

《实践理性批判》

《实践理性批判》（此处及以下引文，均采用韩水法译《实践理性批判》，商务印书馆1999年版。——作者注）的出版日期载为1788年，不过在哥尼斯堡1787年圣诞节已有零售。康德完成手稿的时间至少在六个月之前，因康德1787年6月25日在致许茨的信里提到：“我的《实践理性批判》已经大抵竣工，我想在下星期就会把稿件寄给哈勒的印刷厂。”

康德认为，他的这部作品比其他作品更适用于响应他的批评者。费舍尔的《论空间与因果》在同年稍早时于哥廷根出版，试图证明先天知识不可能存在，与康德的思想大相径庭。阿贝尔1787出版《系统形而上学构想》。康德认为，他们的理论是个没有系统性的折中理论，因其想要建立介于先天知识与经验知识之间的某种知识。康德还向许茨表示，他也不会评论赫尔德《历史思想》的第三部，因他的时间要用在他自己的《判断力批判》上面。

康德的第二批判，即实践理性批判，康德成功厘清了《道德形而上学基础》及稍早发表的通俗文章与书评所指出的意见。这部著作的轮廓与第一批判大致相同：第一部篇幅甚长，题为“纯粹实践理性要素论”，辅以简短的“纯粹实践理性方法论”。第一部分又分为分析论与辩证论，其中同样包含演绎论、范型论以对应第一批判的图型论，及二律背反。同时，第二批判特别是它的分析论，与《自然科学的形而上学基础》采用的数学方法有共同的特性，虽然演绎被证明取代，但我们可以在其中发现定义、定理、经验性观察与悖论难题。

康德在《道德形而上学基础》中认为，道德哲学有三项任务：（1）辨识且建立“最高的道德原理”；（2）批判性地检验纯粹实践理性；（3）建立道德形而上学。康德1785年表示，他已在《道德形而上学基础》中完成了第一项任务，其他两项任务将在一部以《实践理性批判》为题的书里完成。康德认为，由于道德形而上学“比较容易受欢迎并且通俗易懂”，因此这项任务将轻而易举。但后来证明，事实比他想象的要复杂，因此作为第二批判的《实践理性批判》最后仅完成了第二项任务，《道德形而上学》的全部内容只能留待将来完成。

康德的道德哲学，试图说明道德是理性的专属领域。康德说，由于“自由”是理论理性推演而得到的基本概念之一，因此自由便同时构成了两大批判的焦点。康德认为，“自由”是个真实的概念，它不仅是思想的产物，其在道德领域里有其坚实的基础，而且道德与自由的概念，使我们有权利相信“上帝”与“灵魂不朽”另外两个概念的理性推演，因为我们必须“预设”这些概念才能成为道德性的存在者，如果没有“灵魂不朽”和“上帝”，我们将会陷入道德上的绝望。但是，康德同时认为，我们无法严格确定我们是自由的，因本体世界在经验之外而无法证明。由此我们便看到了这样的悖论，道德理性“应该”增益世界的善，但行为经验却显示事实经常并不如此，幸福及值得拥有幸福并非经常彼此呼应，因为如果我们想在两者之间建立关联，就必须假设上帝的存在而使它们具有一致性。由此康德认为，“上帝”与“灵魂不朽”的信念，是实现至善的先决条件并因而使道德实践成为可能。其实，康德这些观念在先前的作品里早有论述，这里只是加以扩展，并置入了体系化的脉络。如，分析论就是在《道德形而上学基础》阐明的定言命令、自由和自律观念等主题概念基础上，推论出“纯粹实践理性原理”的，即“作为源于自由的因果律，也就是超越感性自然的可能性法则”。

为此接下来，康德认为，在实践体系里，我们有权利通过思辨将道德概念扩及理性界限以外，尽管知识不可能超验扩充，但这也不是盲目的信仰。于是，在辩证论中，康德将“灵魂不朽”与“上帝存在”当作合乎逻辑的“设准”，作为道德和至善之所以可能的基础。康德说：“品行端正的人就很可以说，我‘愿欲’有一位上帝，我在这个世界的此在，在自然连接之外仍然是一个纯粹知性世界的此在，最后，我的持存是无穷的。”这就是说，在康德那里，信仰上帝是以道德本性为基础的，因不推论上帝的存在，就无法证明道德的合理性。为此，康德诗情画意般地说：

有两样东西，在我之上的星空和居我心中的道德法则，我们愈经常愈持久地加以思索，它们就愈使心灵充满日新又新、有增无已的景仰和敬畏。

这段话，在康德逝世后作为墓志铭刻在了墓碑上。

从传统神学角度来看，康德颠覆了道德与上帝的关系，这为康德与传统宗教的冲突埋下了伏笔。

第八章　判断力批判

康德在1787年夏季完成《实践理性批判》后不久，便着手撰写《鉴赏批判基础》，并在1790年问世时改名为《判断力批判》。(引文采用邓晓芒译《判断力批判》，人民出版社2002年版）由于康德担心他的“第三批判”会像《道德形而上学基础》及“第二批判”一样被拖延出版，因此他换了另一家出版商由柏林“守卫出版社”印行，并自己推荐基塞韦特进行校订。康德于1790年1月21日把第一部分手稿寄到柏林，2月9日寄出第二部分，3月3日又寄出剩余一小部分，序言与导论则在3月22日寄出，4月20日他得到校样，但因校对吃力，速度缓慢。

在发表“第三批判”的前两年，他于《德意志水星报》1788年1月号和2月号发表了《论目的论原理的哲学意义》，这篇文章缘起于他1786年年底发表于《德意志水星报》的两篇文章：《论人种概念的确定》与《对人类历史起源的推测》，进而招致著名地理学家老福斯特小儿子福斯特的批评，康德想予以回应，而恰巧赖因霍尔德1787年10月征询康德是否可以公开认可《康德哲学书简》。于是，康德力图想在一篇文章里同时完成两项工作。由于两者并没有实质的关联，因此康德直到文末才把笔锋转向他的第二个目的，宣称发表《康德哲学书简》的匿名作者与他有“一致的目标”，即培育并维护“基于坚定原则的思辨和实践的理性”。他同时向作者致谢，并对于他在耶拿获聘哲学教授表示欣慰，这等于公开了赖因霍尔德是《康德哲学书简》的作者身份。

在《论目的论原理的哲学意义》这篇文章中，康德首先针对福斯特人类只有黑种人与白种人两个人种以及两个谱系的说法，澄清了“种族”的概念。康德认为，人类应划分成四个人种，并各有自己的起源。而黑人就像吉普赛人一样厌恶繁重的工作，因此不可能成为合格的公民。

其次，福斯特批评康德坚持的目的论原理不科学，不该引入神学而用“臆测的太初”来解释科学。康德回应说，他并不怀疑对因果律进行经验性解释的自然观念，因为比起以物质的“基本力”来解释自然创造的人，没引入任何因空洞而不科学的概念，因此他的目的论不需以“物活论”为前提，也不代表推翻自然因果律，相反，“自然里的目的论原理总是必须有经验性的规定”，自由的目的也是如此。事实上，自然首先是赋予我们意识的对象，然后才让我们作出选择和判断。康德在《实践理性批判》中认为，由于存在先天纯粹实践原则，因而其先天地为理性赋予了目的。尽管目的论受限于经验性条件而无法超验地解释自然，但必须辩证出“纯粹的自由论”，道德必须被视为自然存在的东西，才能使人类的道德目的论具有根基而得以完整。因此，康德开始思索美学问题，着手写作他的“第三批判”——《判断力批判》。

《判断力批判》

康德的“第三批判”酝酿了三年之久。扎米特依据索里奥、莱曼和托涅利的研究，把康德写作《判断力批判》的步骤分为三个阶段：美学阶段（1787 年夏天至 1788 年全年）、认识论转折（1789 年初，称“反省的判断”）和伦理学转折（1789 年夏末至秋季）。扎米特认为，最后阶段是“康德与泛神论搏斗的直接结果”，“超感官”概念成为核心主题。扎米特认为，“第三批判的缘起在于康德与赫尔德的论争”，这部作品“几乎等于是向赫尔德所发出的密集攻势”，特别是“目的论判断力批判”部分始终以赫尔德为“秘而不宣的假想敌”。康德驳斥了赫尔德的新独断论、物活论及对科学艺术性的理解。

其实，这部作品不完全是反驳赫尔德的，因康德认为，赫尔德必须加以驳斥，但他不想亲手去做这个工作，而是把它委托给了克劳斯，自己把时间集中于“第三批判”。而克劳斯与康德的冲突也显示康德并不是在1789年秋才开始思索泛神论问题的，1789年6月以前，康德便为克劳斯写下相关意见。扎米特关注的核心问题是：“为什么会冒出目的论的问题？”或“为什么目的论被夹带到美学里面？”其实，自然目的论作为关于“世界的美和秩序”的考察，和现在美学关系密切。只是当时美学还没有明确的界定，且它的研究范围和我们现在的理解有很大的差异。康德在1787年12月写给赖因霍尔德的信清楚地表明，从高中时代开始，目的论便是康德思考的重要部分。在《自然通史》里，目的论与神学的关系也是其重要的主题。由此可以断定，康德不是因赫尔德才注意到这个问题的。

康德的第三批判一般被视为美学著作，《判断力批判》分成两部分：“审美判断力批判”与“目的论判断力批判”，而两者各有分析和辩证两部分。在“目的论判断力的辩证论”后面还有个很长的附录“目的论判断力的方法论”及“对于目的论的总注释”。康德的这种划分显然是迁就理论建构的整齐对称，但这种建构蓝图对于理论的开展弊多利少，因此导致附录与总注释的长度和分析论及辩证论两者合计相仿。

第一部“审美判断力批判”，处理的是审美判断的有效性问题。康德认为，虽然美感判断是以感觉为基础的，但它的客观有效性却是基于先天判断原理。在“美的分析论”里，康德首先列举了“鉴赏判断”及其中主题之一“美”的四个特性。

首先，由于鉴赏判断是对某个对象的品评，除实际利益外，还有喜欢或厌恶的主观感觉因素。所以，人喜欢美的事物与实际利益无关。

其次，美的事物引起的好感具有普遍性，但与概念无关，因“愉悦判断”不能有效达到“对象判断”。

再次，美是“一个对象的合目的性形式，如果这形式是没有一个目的的表象而在对象身上被知觉到的话”。据此，康德区分了两种美，一种是自由的，一种只是依附的。自由美不以对象应当是什么概念为前提，而依附美则必须预设概念。因此康德认为，鉴赏判断只涉及第一种美，美的判断总是智性因素。

最后，由于美是“在无概念地作为被认知为必然愉悦的对象”，而鉴赏判断每个人都能认同，这表示“它预设了一个共通感的存在……但我们不是把它理解为外部感觉，而是理解为出自我们认识能力自由游戏的结果”。

据此，康德定义了“崇高”为“绝对地大的东西”，它与美有个共同点，即不需预设任何概念，自己便能引起好感。美涉及对象形式，但在没有形式的对象里，却可能有崇高感。因此，在美里，愉悦和质有关；在崇高里，愉悦和量有关。例如，当我们说“伦勃朗的这幅画很美”或“大峡谷很壮观”时，我们只表达了自己的感觉，并不是在陈述客观知识，然而，在我们表述“鉴赏判断”时，也不认为自己只在报道自己的感觉，我们相信它有更普遍性的意义。

由于崇高判断与范畴有关，于是康德试图证明，崇高判断在量上是“普遍有效”的，在质上是“没有利害关系的”，在关系上是“主观的合目的性”，在模态上是“必然的”。康德在讨论“美”时，也使用了相同的模式。然而康德认为，美只有一种，崇高却有两种：即数学的崇高和力学的崇高。数学的崇高和我们的认识能力有关，力学的崇高则涉及欲望能力。前者使心灵平静，后者使心灵激动。

康德通过对美与崇高的讨论得到以下定义：(1)“美是在单纯的评判中（因而不是借助于感官感觉某种知性概念）令人喜欢的东西。由此自然推出，它必须是没有任何利害而令人喜欢的。”(2)“崇高就是那通过自己对感官利害的抵抗而直接令人喜欢的东西”，“它是一个（自然的）对象，在表象规定着内心去推想自然要作为理念的表现是望尘莫及的。”由于理念对象是非自然或超感性的，因而无法被表现，相反，崇高的感觉则为抽象的概念灌注了生命而“扩展了心灵”，使得崇高必须总是指涉我们的思维方式，“想办法使知性和理性的理念凌驾于感性”。康德说：在犹太法典中没有哪个地方比这条诫命更崇高的了：不可为自己雕刻偶像，也不可作什么形象，仿佛天上、地下和地底下、水中的百物……只有这条诫命才能解释犹太民族在其教化时期对自己的宗教所感到的热忱……同样的情况也适合于我们心中的道德律和道德素质的表象。

如同康德曾比较第一批判的“形而上学演绎”与洛克“心理学研究”一样，康德比较了审美判断的“先验说明”与伯克的“生理学说明”。康德指出，经验性演绎尽管可作为鉴赏判断的第一步，但却不充分，唯有预设鉴赏判断里存有先天原则，才能真正评判美或崇高的判断。因此康德认为，关于自然的“崇高判断”是“演绎的”，鉴赏判断需演绎，不存在鉴赏的客观原则，其只能是一种主观的必然性。为此我们可以说明审美判断，一方面以个人愉悦感觉为基础，另一方面对每个观察者具有必然的普遍性。这种必然性奠基于“在所有人里头预设的主观因素（作为一般可能经验的条件）”，这是我们感官知觉可沟通性即“共通感”的基础。对此，康德还举出“人类知性共通感”的三个准则：（1）自己思维；（2）从别人角度思维；（3）任何时候都与自己一致的思维。

“审美判断力的辩证论”部分很简短，共五个小节，其试图解决如下这对“二律背反”：（1）鉴赏判断不建立在概念基础之上，否则对它就可以进行论辩了。（2）鉴赏判断建立在概念之上，否则对此不可能进行论辩。康德论证道：“如果我说：鉴赏判断基于某种概念（自然界对于判断力的主观合目的性的某种一般根据的概念）之上，但从这概念中不能对客体有任何认识和证明，因为它本身是不可规定的和不适用于认识的。”在这里，再次显示了鉴赏和道德的关系，即美是德性的象征。鉴赏，从感性到道德的过渡，无须飞跃而成为可能，因它把想象力作了合目的性的规定，使人对感官对象无须感官就可以感到自由的愉悦。

第二部分，“目的论判断力批判”，康德处理了哲学体系的统一性、自然的合目的性问题、目的论概念必然应用于生物学产生的问题及神学问题。

康德从机械规律出发，认为自然无法涵盖有机世界的形式，因为机械论连一片草叶的来源都无法解释。据此康德认为，自然是经过设计的，且万物各有其功能。为此，康德提出以下理性原则：“世上一切都是对于某个东西是好的；世上没有任何东西是白费的。”尽管这个原理只是主观性的原理假设，但它却是“作为科学的内部”的原理，成为“引导我们探究自然的一条线索”。

但是，这样做也会产生“二律背反”，其正命题是“一切产生都是按照单纯机械规律而可能的”，反命题是“有些产生按照单纯机械的规律是不可能的”。从主观准则判断，两者可表述为：“物质的东西及其形式的一切产生都必须‘被评判为按照单纯机械规律才可能的”以及“物质自然的有些产物‘不能评判为按照单纯机械规律才可能的”。

目的论必然导出的“设想性的存在”，导致了康德和赫尔德及福斯特的争辩，也是康德与克劳斯决裂的关键因素。于是，康德开始着手探讨泛神论和一神论是否可以解决“目的论悖论”，因斯宾诺莎坚信，精神与自然（或思想与扩延）有共同的基底。但是，结果都是失败的，因斯宾诺莎的信念“根本无法得出……合目的性的概念”，而“有生命的物质的概念……也完全无法被思考”。康德认为，虽然一神论也是失败的，但与其他体系相比有个优点：“它通过自己赋予原始存在者的某种知性而把自然合目的性最妥善地从空洞的观念论那里拯救出来，并为这种合目的性的产生引入了一种有意的原因性”。

由于目的论来自辩证认识能力，因此其不属于自然科学，也不属于神学，它只能属于批判科学，即“判断力批判”，判断力蕴含有先天原理。如此看来，理论性自然科学及作为形而上学的自然科学或神学，在方法论上具有矛盾性。因此康德指出，自然目的论体系的最终目的在于形成人类文化作为“规范人际关系的宪法，以围绕着一个整体或即公民社会的法律权威，去制约个人自由对他人的滥用”。但是，我们根据什么说人类是自然的目的？康德认为是“道德”。人类只有作为自律的存在者，其才使“所有自然目的都臣服其下”作为立法“终极目的”的根据。

据此，康德认为，“自然神学”是被曲解了的“自然目的论”，自然的目的论体系必须从道德角度去论证，“至善的可能性必须预设上帝存在”。因此神学应以道德作为理论建构的起点和基础，“承认上帝存在与承认道德法则的有效性有同等的必要性”。为此，康德得出结论：神学伦理学和神学物理学一样“荒诞不经”，唯一可能的只有“道德神学”，而它的基石不是上帝的存在，而是人类的自由。

康德哲学体系的完成

康德哲学体系的建立，使其影响力在日耳曼持续扩大，尤其是赖因霍尔德的《人类想象力新论初探》（1789）、《康德哲学书简》（1790）与《对于哲学家的曲解辨正》的出版，对康德哲学的推广起到了巨大的推动作用。

赖因霍尔德早期认识且接受了康德的怀疑主义，尽管康德对他被指控为休谟式的“怀疑主义者”不以为然，但赖因霍尔德却激烈地予以否认，并宣称他已经推翻了休谟的观点。在1789年发表于柏林月刊《何种怀疑主义带来哲学改革的希望?》的文章里，赖因霍尔德区分了三种不同的怀疑主义，即“非哲学性的怀疑主义”、“独断的怀疑主义”与“批判性的怀疑主义”，且驳斥了前面两种，而肯定了最后一种。“非哲学性的怀疑主义”指当时的温和怀疑者，如费德尔、迈纳斯、普拉特纳与其他的“通俗哲学家”。赖因霍尔德并没有反驳他们而是忽略了他们，因为他的对象是“真正有哲学素养的读者”，只有“独断的怀疑主义者”属于“可敬的对手”，我们必须否证它，才能达到“批判性的怀疑主义”境界，并由此创造一个新哲学的开始。他在同年发表于《德意志水星报》的另一篇论文里声称，只有“批判性的怀疑主义”才可以让批判的思考者挣脱传统哲学派别的桎梏而与它们分庭抗礼。因为独断性的怀疑主义认为客观真理不可证明进而怀疑客观真理的存在，即观念和对象可以具有一致性，因此任何研究都是徒劳而多余的。而批判性的怀疑主义，以必然性和普遍性概念为其预设，鼓励我们去寻找客观真理的可证明性的基础。

由于赖因霍尔德不以介绍康德哲学为己任，而是进行了自己的展开，以至于当时产生了“康德与赖因霍尔德哲学”的说法。但赖因霍尔德的批判怀疑论观点却没有带来任何正面效果，甚至它比传统的怀疑主义更具有否定性，因为他并没有超越“独断的怀疑论”的定义，因而他最后不得不从他的语汇里删除“批判的怀疑论”的概念并放弃其立场。他在后来的作品中甚至主张，怀疑主义若要有哲学意义，就必须是独断的，因为这是基于哲学原理而得出的结论。由此决定了他为康德批判哲学奠基的“基础哲学”，实质上成了对怀疑主义的继承。由此，在康德的追随者当中，有人认为有必要淡化康德哲学的批判性成分而强化其独断性的部分。

雅各布是在哈勒开设康德哲学课的首例，他对于怀疑主义也很有兴趣，他在1790—1792年间出版了休谟《人性论》第一本德译本，第一卷里有个题为《人类本性的批判性试探》附录，这篇长达314页的冗长附录主要是要说明“应以何种角度去理解休谟的《人性论》”，其主要观点如下：(1) 怀疑主义是最重要的哲学观点之一；(2) 休谟的《人性论》是怀疑主义最完整的呈现；(3) 康德的《纯粹理性批判》为我们找到了否证休谟的依据，据此得以推翻一切怀疑主义。雅各布认为，否定休谟等于就是“全盘”否定怀疑主义，因为没有人对怀疑主义有比休谟更精湛的论述。为此，针对休谟的怀疑主义，甚至产生了一种新的哲学，即基础哲学，为对抗怀疑主义而寻求知识的合理性基础。康德为这个哲学做了奠基性的工作，然而由于他并没有完成该计划，而是后继者接续了这个工作。

同时，许多守旧的哲学家仍然抗拒且攻击批判哲学，而某些攻讦甚至是恶意的。埃伯哈特 1789—1792 年间出版的四册《哲学杂志》引起了康德特别的注意，因为埃伯哈特认为，莱布尼茨体系优于康德体系，康德在他的批判哲学里想说的莱布尼茨不仅都已说过了，而且说得更好。对此，康德在 1789—1790 年间写给赖因霍尔德与舒尔茨的信中表现出了恼怒。在 1790 年莱比锡复活节的书展上，康德发表一篇题为《论所谓一切新的纯粹理性批判因旧理论而为多余的发现》的短论，回应了埃伯哈特的攻击，其内容分为两个部分：首先，批判了埃伯哈特认为他可以证明感官经验以外概念客观实在性的主张；其次，否证了埃伯哈特关于先天综合判断问题的解决方案。埃伯哈特以数学概念为例，说明我们拥有独立于感官经验而又具有客观真实性的概念。康德批评道，如果没有相应的直观，数学概念不能被证明拥有对象。此外，康德根据矛盾律反驳了埃伯哈特为充足理由律客观真实性所作的辩护：因为，（1）待证明的命题有歧义；（2）证明本身缺乏统一性，因为事实上其可以分裂为两个证明；（3）某些结论自我矛盾；（4）其证明原则经不起事实的检验。

由此康德得出结论，埃伯哈特关于独立于经验外“简单存在物”概念的证明不具有合法性，而他试图从感性界跳跃到非感性界的努力，只能证明他误解了《纯粹理性批判》大部分的主张。

在第二部分里，康德认为埃伯哈特不仅误解了《纯粹理性批判》里所谓“独断”的含义，也误解了“先天综合判断”的意义，例如，他声称康德“想要否定在形而上学里有任何综合判断”，但事实上它只否认综合判断可以离开经验而成为可能。

最后，康德认为，埃伯哈特也误解了关于莱布尼茨哲学的讨论。关于莱布尼茨哲学体系的三个学说：充足理由律、单子论和预定和谐论，埃伯哈特把充足理由律视为客观的，但莱布尼茨认为是主观的，简单存在者构成物体但却不是物体本身。而康德的三大批判和莱布尼茨哲学是兼容的，“自然”王国与“道德”王国彼此一致，而第一动因使这个和谐成为可能。

康德对埃伯哈特的抨击发生了效果，赞成与反对康德的书籍陆续问世，他成了哲学家中的明星，康德成了哥尼斯堡最有名望的人之一，以至于很多到访哥尼斯堡的人都想见他，有些人只是慕名拜访，有些人还旁听了他的课。有个 1792 年见到康德的客人写道：他是最爽朗风趣的老人，最好的谈话对象，他高贵知性，可谓活力充沛。消化最难消化的食物对他而言轻而易举，恰如他的读者对他的哲学感到消化不良。但是，即使在最亲密的谈话气氛中，他仍然对其哲学只字不提，显示他是个有品味和胸襟的人。但康德自己对这些争辩却愈来愈没兴趣，而把精神集中在以前就已开始的工作上。

那个时期造访哥尼斯堡最有名的是费希特（1762—1814）。费希特 1791 年 7 月到 10 月间造访哥尼斯堡，其出身背景与康德相似，1780—1784 年于耶拿、莱比锡与维特贝格研习神学与法学，后于 1790 年回到莱比锡担任家庭教师，为一个学生辅导康德哲学。费希特表示，他已“完全投入康德哲学里；起初是环境使然；我必须讲解一堂《纯粹理性批判》的课；在我认识《纯粹理性批判》以后，则是衷心喜好它”。这时，他在前往华沙担任另一个家教的途中到哥尼斯堡拜访了康德。到哥尼斯堡后，他首先参观这个“壮观的城市”，第二天早晨去找了康德，像其他有学问的访客一样，他并没有得到特别的接待，而是留下来听了康德的讲课。他觉得康德的讲课“有些沉闷”，“听他的课并不能像读他的书那么受益。他孱弱的身体疲乏得无法承载如此伟大的心灵。康德已经相当脆弱，他的记忆力也已经开始衰退。”因此，费希特希望能与康德作深度交流，但由于他不知道如何安排下次访问，于是“突发奇想，决定撰写一本关于《一切天启之批判》的书”。六星期后，他将书题献给了康德。博罗夫斯基曾描述：某天早上，他［费希特］把手稿呈现给康德，请求予以品评，并且询问如果康德认为他的文字值得付梓，是否可以协助他找到个出版商。康德喜欢他谦虚的态度，允诺在可能的范围内试试看。当天傍晚，康德在散步途中遇到了我，劈头就说：您得帮帮我，赶快帮我让一个穷苦的年轻人得到名声与金钱。您的内兄（出版商哈通）务必要同意；请说服他出版这份手稿。虽然康德在读到第三节以后便认为该稿件完全可以出版，费希特还是作了些修正，并让博罗夫斯基与舒尔茨过目。不过，他对舒尔茨并没有很高的期望，因为他“对于宗教的虔诚超过了一个批判性的哲学家和数学家所容许的程度”。尽管费希特的书很快就完成了修订，但由于审查过程碰到些困难，直到1792年的复活节书展才面世。

卢平（1771—1845）介绍说，康德特别喜欢谈论矿物学与他所认识的矿物学家维尔纳，这不仅是因为康德那段时间正忙于自己的那册自然地理学课程，更是出于他对矿物学的真正兴趣。卢平在第一次得到康德的“接见”后便获得了第二天共进午餐的邀请。卢平记载：我次日在约定的时间赶赴很荣幸的午宴，哲学家穿戴整齐，以好客的主人口吻欢迎我，其自信的模样是内在的自然流露，与他十分相称。与我昨天所看到的穿着男礼服大衣的他相较之下，我今天看到的仿佛完全是另一个人；他的身体与灵魂看起来不那么“干”。然而他高耸且清朗的额头与清澈的眼神却始终如一，为身形瘦小的他带来生气……在我临行前，康德说我明天得来吃午餐。这是何等的胜利，哥尼斯堡之王邀我共餐！……我们刚坐下来不久，并且决定尽可能扮演一个精神卑微的角色，我就注意到了，伟大的精神也不是靠空气过活的。他不仅胃口很好，而且很有兴致地享用食物。脸部的下半部，下巴的周围充分且确定地表现了飨宴的快感；他的深邃眼神，有时甚至注视某一道菜上，仿佛当下只有他和餐桌的存在。他享受陈年的好酒时，也是同样的仪式庄严。在餐桌面对客人时，伟大的男人与伟大的学者的风范尤其如出一辙……在康德安抚了他的“本性”以后……他的话就多了起来。我很少看到有人在这个年龄还跟他一样灵活敏捷；他对一件微不足道的小事的评论可以是如此优雅且机智，他的陈述方式总是很冷静。他会掺杂几个轶事，都适时适所。听的人相信，接下来他要谈最严肃的事情了，然后突然忍不住大笑。他说着说着又向我劝食，在吃到一条大海鱼时，他想到了一个有钱的犹太人。他向客人说：“请用，请用，这是一种罕见的鱼，是买的不是偷的。”我便答以一个弗尔皮乌斯硕士的故事：他到莱布尼茨家做客，因为怕漏听任何一个字，未经咀嚼就把一整块鹅肝吞了下去，第二天死于消化不良症……这个大师的特色之一，是他深刻的思想并不妨碍与人交往的风趣；他是纯粹的理性与深邃的智能，却不因此而为自己与别人带来负担。和他在一起时，只要看着他，听他说话，便够愉快了；要成为一个有德行的人，那么不能仅仅相信他的话，但只要跟随着他，与他一起思考便已足够，因为几乎没有一个人活得比他更有道德、更快乐。”

另一个在1795年4月拜访康德并听了他的课的人写道：他的演说用的是寻常百姓的语言，你也可以说不是很美的语言。试想一个矮小的老人，身形佝偻，穿着褐色的外套，上面有黄色的扣子，不要忘了假发和发袋，再想象这个矮小的人伸开叉在胸前的手，在面前画一个小弧，以帮助你正确了解他的话。如果你能如此想象，那么他便毫发无差地出现在你面前了。虽然看起来不是特别美观，虽然他的声音不很明亮，但他的演说“随便”之处（如果我可以这样说的话）都因杰出的内容而得到补偿。那些人不断说康德哲学有如何困难，为康德的听者预作准备，并鼓励学生们不要为康德艰深的哲学感到气馁。康德自己似乎做梦也没有想到他的理论会是如此难懂，然而如果一个人开始了解他的声音，那么跟随他的“思想”将不再是难事。他对康德的讲课非常满意，认为它是“最理想的教学演讲”，“一个有头脑的科学应该以这种方式阐述”，每个哲学家的讲课方式都应该与康德一样，如此，即使他们每天讲课，学生也可以每天听课而不觉得厌烦。……康德的逻辑学讲课笔记稿仍然使用“迈尔的旧逻辑学”作为讲课基础。他每一次都带这本书进教室，看起来很是陈旧肮脏，让我觉得他似乎40年来每天都用它上课。书上的每一页都写上了密密麻麻的注记，许多书页都被贴过，或被用笔删除掉。可以想见，迈尔的逻辑早已寥寥无几。他的听者当中没有人带着这本书，只是把他所讲授的内容记下来。他自己却好像完全没有察觉到这一点，非常悉心地跟随作者一章一章地教，然后作一些更正，但其实一切早已大不相同。但大家都可以看得出来，他对自己的新见解并没有刻意强调。康德让他想起了“恶名昭彰的维兰德”，其“冗长的补充”跟他一样无边无际，甚至于在语言上也与维兰德十分相似。

这些报道都显示康德已经年老，他的衰弱已开始影响他授课的表达力。1793 年开始在哥尼斯堡大学求学的罗伊施说：“他的声音虚弱，讲课时陷入错乱，语焉不详”。当一个学生由于掩饰不了自己的疲倦而打了一个很长的哈欠时，康德相当不悦地说：“如果有人非打哈欠不可，至少也该规矩地把手放在嘴巴前面”。此后，康德的抄写员便安排这个学生坐在教室的后排。康德的一个学生曾说，康德在一门课的开场白中通常会说，他不是为天才而讲课，因为他们可以自己找到自己的路；也不是为蠢材讲课，因为那毫无用处。他是为“中才”而讲，而这些人希望学会一技之长。

这个时期，康德最重要的学生是基塞韦特（1766—1819）。1788 年秋季，腓特烈·威廉二世亲自派遣基塞韦特到哥尼斯堡并资助他 3003 塔勒，以便让他能“得到康德口头的教诲”。当时，康德除正规讲课外，还有私人讨论课。基塞韦特相当尊敬康德，以至后来经常称他为“第二个父亲”。基塞韦特从发表《以康德学说为基础之纯粹普遍逻辑概略》（1791）开始，便成了康德哲学热情的推广者。

康德不只有许多访客，还收到许多杰出的年轻哲学家讨论他著作的稿件。1789 年 5 月 26 日，他写信给寄来迈蒙的稿件的赫兹说：“您是怎么想的呢，最亲爱的朋友，竟至寄来一大捆缜密的研究，不只让我细读，还要让我细思。我已经 66 岁啦，完成计划以前还有做不完的工作，包括即将出版的最后一个批判，即《判断力批判》，以及完成‘自然形而上学’与‘道德形而上学’。另外我还有回不完的信，必须逐一解说特殊的论点。而我的健康状况又愈来愈摇摆不定。”迈蒙在访问哥尼斯堡时未能听到康德的讲课，但他读过“第一批判”。迈蒙发表于 1790 年的《先验哲学初探》，尝试从比康德更大的脉络去解决康德哲学的问题。迈蒙认为：“休谟的怀疑主义的影响空间还是很大”，且“解决这个问题的努力，总会导向斯宾诺莎或莱布尼茨的独断论”。迈蒙试着以怀疑主义去解读康德的批判哲学，尽管泛神论论战对迈蒙的影响与《纯粹理性批判》的影响不分轻重，但实质上却成了康德哲学的重要看门人，由此康德很欣赏迈蒙的作品，并且告诉赫兹说，他原先打算找个借口把书寄回去，但看过几页后就改变了想法，没有任何对手对他的了解如此透彻的，由于迈蒙的研究深刻、精准而且重要，这本书必须出版。

但是，很多专家觉得这本书晦涩难懂。《大众文学报》致函迈蒙表示，“三个顶尖的思辨思想家拒绝评论此书，因为他们无法一窥您的思想深域。现在我们请了第四个先生，并希望他能满足您的需求。但他也至今没有回音。”

康德哲学是公认的艰深难懂的哲学，因此对于谁的解读较为正确始终争议不断。例如，费希特就曾在餐馆中与一个军官发生争执。陆军上尉宣称他不相信永恒，并引证康德来支持自己的立场，因为康德只提供了关于上帝存在的“可能性”证明。费希特怒斥他：如果这位上尉读过康德，就应该知道康德作了“必然性”的证明，因此“你没有读过康德”!

甚至有时争执的起因是俗世层次的。1791 年 12 月 9 日早上 7 点不到，康德的讲堂里爆发了冲突。由于学生们争占用教室一侧的讲课记录台，神学系的学生兼康德的抄写员莱曼试图调解，却遭到其中一名学生的侮辱与殴打。莱曼上楼向康德作了汇报，康德告诉他向校长递交陈情书，并向学生提出警告：“这样的事件在他的讲堂中还没有发生过；如果学生们［再］有争端的话，请在街头上解决，否则他将不再开任何课。”

第九章　康德校长

1785—1786 年上学期，轮到康德担任系主任，当时比较重要的事是康德的学生奥伊希尔（1756—1804）希望获准在大学教授东方语文的资格，其实就是希望能得到“硕士”学位。康德基于奥伊希尔卓越的语言才华支持了他的申请，尽管他清楚神学系不愿意看到一个犹太人讲授一门对于神学非常重要的课程。但是，该申请还是因奥伊希尔是犹太人而被拒绝。康德的另一位学生巴齐克也有类似的尝试，同样也获得了康德的支持，但最后亦因是天主教徒而无法成为“硕士”。哈曼在信中写道：巴齐克先生眼盲且有小儿麻痹症，却有一颗活跃不已的头脑，他撰写普鲁士史，希望成为硕士，却是依规定无此资格的罗马天主教徒。他愤愤不平且十分坚持，并扬言要公开辱骂策德利茨部长，因为他写过无数的书信请命，却得不到他的回音……为此，康德再次陷入了与梅茨格的冲突。

梅茨格千方百计要在该年当上校长，且自信满满，由于康德的极力反对，最后梅茨格没有如愿。于是，1786 年夏季学期，康德第一次得到了成为校长的机会，但条件是，候选人必须是大学评议会委员。校长职位每学期轮替一次，由评议会的十位资深委员依规定轮流。由于当时资深委员包括四位哲学系最年长的委员，而康德直到 1780 年才成为“资深委员”，因此有人主张康德不应成为校长，康德对此也未表示异议，自己也认为不适合担任这个职位，但克劳斯却尽全力说服每个委员康德应成为校长。哈曼在信中也向雅各比表示，康德的“处理方式有高贵的哲学味，证实了他的人格卓越，对此没有人可以否认”。康德在就职典礼进行演说时，有个精神异常的人——他从前的一个学生——冲上讲台打断了他的演讲，并站在他的旁边准备宣读声明，恰好一群人上前把他架走了。

康德觉得，校长职务是个沉重的包袱。当时，他还必须准备主持大学庆祝腓特烈·威廉二世即位（1786 年 9 月 19 日）的盛大典礼。9 月 18 日，他与大学评议会其他委员被国王召见，但他原因不明地没有出席大学典礼。康德还必须监督邀请函的分发及普鲁士国王就职纪念币的发行。他让评议会表决得出决议，他自己唯一的建议是不应让滋事的群众进入会场。而与康德在上个学期有过节的梅茨格，在评议委员工作志里还记录了康德在庆典准备工作中的疏漏，如，没有邀请所有教授与荣誉退休教授参加腓特烈大帝的教堂礼拜，没有让评议会审议谒见国王的评议委员名单，康德的安排方式“凌乱”，且没有遵守规章，参加即位大典的评议委员没有经过适当的筛选，等等。作为校长，这还不是康德必须面对的唯一冲突，他与犹太社群发生摩擦，因为传说他阻挠了为纪念门德尔松而制作纪念画像的募款行动。哈曼说，康德为这项指控感到莫名的气愤，并且让犹太社群知道，依照法律规定，犹太人如果要纪念自己的人，必须自己负担一切费用。

另外，康德的组织能力也确实不是出类拔萃。希佩尔说，这位哲学家“几乎可以一字不漏地”引用数学或哲学作品的整段文字，而且可以对注册簿里的学生姓名过目不忘，却没有办法有条不紊地同时处理三件以上的不同行政事务。而且与教学与写作比较起来，行政杂务在他心里也并不是很重要，尽管他对这些琐事并不感到不屑，但这项工作必须具备一定的专业知识才能娴熟驾驭，而康德却无法勉强自己完整吸收这种世俗经营能力，康德确实与世俗有点格格不入。这表现在康德必须独立处理问题时，总是因循旧章，或屈从多数人的庸见。为此，康德在大学里并不具有真正的领导地位。希佩尔说，康德与克劳斯或许是伟大的学者，但却没有能力

"领导一个邦、一个村庄，甚至一个鸡圈"。这尽管有些夸大其词，但与希佩尔的组织管理能力相比，康德的领导能力确实差了一截。

康德自从升任正教授后，哥尼斯堡大学哲学系的聘任案，即使不是照他的意思专断，但起码他也在其中起着核心的作用。他的学生克劳斯与珀尔施克成了他的同事，宫廷牧师舒尔茨尽管是他坚定不移的支持者，但得到却是数学教授的职位。为此，以至于整个哲学系最后渐渐演变成了"康德学派"。康德密切地注意着事态的发展，并在幕后操控着，以便得到他想要的结果。

行政事务对康德而言，无疑是次要的，但康德对很多事务却很有兴趣，如穷人地位，大学和军队关系，医学系大学的角色，等等。为此，哈曼、克劳斯与希佩尔等称他为"理论家"，但在这个时期，腓特烈·威廉二世对这个"理论家"也十分推崇，他不只透过赫兹贝格伯爵的安排接见了康德，而且每年从国库拨220塔勒作为康德的津贴。1786年底，康德还成了柏林科学院的成员。

从1786年上学期起即追随康德的林克曾这样描述康德与同僚的关系：康德从不需要以司空见惯的小伎俩来吸引学生听讲，也从不借着贬抑同事来抬高自己的身价。他从未以自我吹嘘来制造印象，从未以可疑的幽默笑话博取喝彩，也不以带有性暗示的语言磨损年龄学生的羞涩感……只要我一想起一个平时相当受尊重的人会让激情冲昏头，在作证时故意扭曲康德这位智者的人格与他的哲学，我直到今天都觉得受到侮辱。

尽管康德对于同事总是与人为善，但只有少数几个人觉得自己和他相形见绌，而大多数对康德却很少表示友好，甚至把矛头转向他的宗教原理，而对他进行间接攻击。不过，由于康德无瑕的德行，他依旧是每天授课。1787年后，康德把时数缩减为每周四小时公开课及四小时私人授课。这时，"即使他的讲课不再那么引人入胜，光凭他的名声以及在大学的地位，便足以保证有众多的学生听讲。他的讲堂被挤得水泄不通，学生们通常要在一个小时前赶到占座位。"

这个时期，康德重要的学生包括哈曼的儿子约翰·哈曼（1769—1813）与雅赫曼，后者是他的誊稿者和后来的传记作者。康德曾经一度计划用舒尔茨的《释义》作为形而上学的教本，但没有付诸实施。他喜欢讲理性神学，特别在有神学家听讲时，他“希望经由脉络清晰、有说服力的讲课，理性宗教的信念炽然的光芒可以散布到整个祖国，而他的想法后来证实是对的；许多的使徒从此地出发，在各地传播理性国度的福音”。

60岁后的康德已病痛缠身，虽然都不算严重，但加在一起却成为负担，他的教学日益困难。林克注意到，康德左眼的视力已经减退，因他频频抱怨时下使用灰纸而不用白纸印书，并表示印刷品墨色太淡。尽管如此，康德在公共场合却行礼如仪。康德一个同事的儿子罗伊施描述说：他光鲜亮丽的穿着，严肃的面孔，略为倾向一侧的脸，节奏过于缓慢的脚步，令人肃然起敬。……每每在新校长的就职典礼完毕后，教授们便依科系的顺序列队走入教堂参加礼拜。康德在自己成为校长之前总是过门而不入。由于宗教形式在他的生命当中没有任何地位，因此谈话时康德会说：“我不懂教理问答，但从前我曾经读过。”为此，康德得到了“无神主义者”的名号，据说他自己也曾害怕因此失去职位。

1786年4月，康德出席在门德尔松死后不久的一个晚宴时，席间有人质疑门德尔松的哲学天分，一向仰慕门德尔松的康德起身为他辩护：“门德尔松总是有办法把情况转变为对他有利，以及从最好的面向去提出假设”。但人们并没有买康德的账，唇枪舌剑逐渐尖锐，场面眼见就要失控，“以致康德悻悻然拂袖而去”。“对待银行经理鲁夫曼的方式近乎粗暴无礼”，康德的好友、晚宴的主人希佩尔也对康德“感到惊诧与不悦”。在这段时间里，康德以前的另一个学生赫兹寄来了《论晕眩》，康德收到后读也不读便放到了书架上，声明他自己没有眩晕的症状。康德之所以兴味索然，因为他对纯粹心理学问题并不热衷。

为此哈曼描绘说：康德的天分和他的存心一样的伟大且高尚。他常常为偏见所驱策，但也可以放下身段承认自己的错误并加以矫正，他唯一需要的只是足够的自我反省的时间。他喜欢讲话，不太有耐心倾听，谈到他的系统以及伴随的声名，他现在变得有点神经过敏而固执……但这不完全是他的错，而是我们可爱的公众所造成的。哈曼说，从天性来看，康德是个热情而冲动的人，在生活上如此，在哲学思考上也是如此。如果说“康德的问题”在于“跳跃式的、不负责任的论证方式”，他的这种“自然倾向因为哥尼斯堡在文化上的闭塞而得到助长，因为他不需面对激烈的外来挑战”。然而“康德一直是我的朋友”，他有能力把哲学的歧见从友谊当中抽离出来。

康德的最好朋友格林 1786 年 6 月 27 日辞世。格林的死“彻底改变了康德的生活，使得他不再参加任何晚间的聚会，甚至完全放弃晚宴，每天在无声的寂寞中度过从前为友谊保留的时光。虽然他每个星期天仍去马瑟比家，但他更多过着深居简出的生活。为此康德有了“自己的伙食”，他不再到外面去用餐，而是雇用了一个厨师，开始在家里设晚宴招待客人。起初他找了从前的学生与亲近的同事克劳斯与他做伴，只有他们两个人，但圈子日益扩大，包括哈曼和他的子女，因为哈曼和克劳斯有私人感情。哈曼描述说：“我们在那里见到了两个单身汉蜷缩在没有暖气的客厅里，几乎就要冻僵了。康德让他的弗朗茨端上一瓶好酒……克劳斯像个可怜的罪人似的坐在那里，一小杯酒喝不到一半。”

康德与克劳斯来往密切。这两个哲学家经常一起散步，且看起来十分相像，两人都是身形瘦小，像是兄弟，但举止完全不同。康德显得深沉，几乎没有情绪表现，眼光几乎总是放在地面上，头偏向一边，他的假发几乎永远歪斜地披挂在肩膀上，而克劳斯则讲话很快，平时走路也很快，因此与康德一起时只好把脚步放慢，总是若有所思的样子，甚至自己开玩笑时都要先笑。康德的穿着一直很优雅，但克劳斯在这方面并不在乎。克劳斯是个率性的人，经常有人看见他老旧的衣服上留有烟草喷嚏的污迹。一次，康德顺势把话题引到穿着上：“教授先生，你总得定做新衣服了吧。”克劳斯欣然接纳，并像谈论大事一般与众人讨论新衣服的颜色、布料和剪裁。几天后，康德在一片欢笑声中看到衣着光鲜的克劳斯出现在众人面前。

康德与克劳斯对哲学的看法截然不同，但他们认为他们的理论互补而不是相反。克劳斯认为，尽管康德是当时“最伟大的大师”，但康德的哲学是“纯粹的思辨，飘浮在生命上空，而且仅由思辨的角度去观察人生”。克劳斯是个实践哲学家，因此他认为，哲学应该应用于现实。因此在他的道德哲学课里，兴趣在于经济与法律，教授的内容总是依据休谟及亚当·斯密学说。此外，他还开了许多实务的课程，如经济学和应用数学。由此，许多人评论说，康德与克劳斯是哥尼斯堡大学学术研究的两极，相辅相成，因此他们给了学生们健康的知识平衡。为此康德非常欣赏克劳斯。作为康德抄写员的雅赫曼说：康德对克劳斯教授怀有充满特殊敬意的友情。他几乎每天都以高山仰止的言语提到他，并且保证，这个伟大人物的渊博学识和淑世的理想，使他崇敬万分，也对他的人格非常倾慕。克劳斯教授几乎与康德天天一同进餐，直到两人后来闹翻了，他不得不有了自己的伙食。

康德的晚宴，也是他排除寂寞的一种方式，通常他邀请三四个朋友，每天晚宴时段，他总是急切地等待着他的客人。偶尔，特别是晚年，康德也邀请到哥尼斯堡想一睹大哲丰采的外地人到家里做客。哈塞描述说，通常他坐在书桌前，有时殷切地望着门口，神情愉快，双眼有神。他举止亲切，说话时就像先知一样，非常迷人。客人来后，他一边吩咐仆人上菜，一边滔滔不绝地谈话，使气氛热烈起来。客人走在他前面，走进朴实无华的餐厅，大家不客套地坐了下来，如果有人要祷告，他就热切地请他们就座而礼貌地予以打断。餐厅干净有序，每次桌上只有美味可口的三道菜，两瓶酒，如果季节适时，小桌上还备有水果及甜点。每个人喝过汤以后，他开始切肉，然后加自己配料的英国芥末，兴致盎然地吃个不停，直到肚子填满。然后说：“各位先生，我的朋友，让我们聊聊天吧，有什么新闻没有？”或许是因为在餐桌上他想要完全放松，康德一概不提学问的事，甚至只有一点的关联他也不允许。相反，谈起政治话题便欲罢不能，从哥尼斯堡新闻到生活琐事，来者不拒。

哈曼 1788 年年初离开了哥尼斯堡前往明斯特与杜塞尔多夫，因为在那里他有不少仰慕者，但主要原因是他想结识雅各比。但哈曼离开后不久便在明斯特去世了，克劳斯受到很大的打击，而康德没有受到很大的影响，因为他与哈曼从未成为密友。

康德定期获邀的人有希佩尔、延施、舍弗纳、维吉兰蒂乌斯、哈根、林克博士、珀尔施克教授、根西兴教授、银行经理鲁夫曼、市监察官布拉尔、牧师佐默、博士候选人埃伦伯特、马瑟比与雅赫曼兄弟等，因为他们都是哥尼斯堡的绅士名流。这个小社会的构造随着成员的死亡和递补而改变，他们和康德度过了晚年大部分的时光。直到康德过世时，还有 24 个“餐友”为他抬棺。

吾爱友谊，更爱真理

在《纯粹理性批判》第二版（1787 年 4 月）前言里，康德声明他将不再与他的批评者争辩，因为他必须把时间“预备学去完成体系”。雅赫曼说：那是康德心灵最成熟的时期，对他而言，没有比设身处地去理解别人的体系更困难的事情了。因为他一刻也无法跳出自创的思想体系。因而经常委托朋友为他读书，告诉他内容或结论，帮他比较别人的体系和他自己的体系。他让他的学生和朋友走上第一线为他的哲学作辩护。舒尔茨作为担负该任务的朋友之一，1787 年写了四篇与康德有关的书评，1788 年写了一篇，1790 年为埃伯哈特的《哲学杂志》写了好几篇介绍康德的文章。

另一个是克劳斯，1787 年写了关于迈纳斯的《哲学史》的书评，但克劳斯感觉“难缠而费时”，而康德却要求他再多写一点。克劳斯的评乌尔里希《论自由与必然性》发表于 1788 年 4 月 25 日的《大众文学报》。

由于这篇书评得到康德更多的“帮助”，康德提供了部分材料。因此克劳斯在3月28日写信给编者表示，他寄上的两篇书评，一篇是评论比较语言学的著作，另一篇则“不完全是他所写”。

克劳斯批评乌尔里希提出的兼容主义论无法说明决定论即“自然的必然性”与道德的兼容性：“人必须变得不一样或者更好，而且他也做得到；但是就当下而言，没有人可以变得不一样或者更好”。如果所有的行为过去是必然或被决定的，那么现在也一定是被决定的。他认为，乌尔里希不应证明自由与必然是兼容的，而应像康德那样，承认自由是不可理解的。因此康德“才配得上真正的哲学家，它坚持所有可得的科学证据……但在无法援引任何证据时也愿意承认无知”。乌尔里希对康德的反驳是以一个错误的假设为基础的，即我们不只“知道”自由是真实的，而且知道“它是如何构成的”。其实，我们对自由一无所知，因为我们没有非感性的直观。

克劳斯还为康德扛起了另一项工作，评赫尔德《关于人类历史哲学的思想》第三卷，因1788年下学期康德再次轮值为校长，不得不忙别的事情。克劳斯1787年答应提笔，但直到1788年初才开始动笔，且至少有十次辍笔抛开了这个“拙劣的工作”，但“因责任感之故”又不得不重新开始，且如果不是康德一路干扰，两个月前便应写完部分内容，因康德不停地以书面形式补充关于泛神论的新想法，为此打乱了克劳斯预定的写作思路。其实，克劳斯一开始便陷入了矛盾，他批评赫尔德以取悦康德，因此必须承担得罪哈曼的风险。梅茨格因此认定康德是个自私的人。

克劳斯无法按时完成该书评的原因还有哈曼6月21日去世，克劳斯灰心伤感以至无法继续写作。哈曼的过世，使得克劳斯意识到他无法继续走康德指定的道路，他必须走自己的路，不然就放弃这个工作。此时，克劳斯第一次谈到他的方向与康德的不同：任何与形而上学有关的事物都有违我的天性，强迫我自己去做这方面的尝试没有任何用处。我唯有把泛神论视为人类的精神现象或自然产物……才有可能完成这篇书评。克劳斯遵循休谟的“自然宗教”路线，认为康德以形而上学去探讨宗教对他而言过于遥远。他在晚年的自述里强调自己对自然主义的爱好及对形而上学的厌恶。他还揶揄说，在一个人的名字后面加上“哲学”一词是再荒谬不过了。所谓“康德哲学”，对他而言有如怪物。

康德不断催促克劳斯撰写他不想写的文章，并“说服”他以不属于自己的论证来吹捧批判哲学，康德显然越界了。克劳斯的一个朋友写道：在克劳斯为康德写作的那段时日里，康德送给他一颗钻石戒指作为‘情感价值’的报偿。克劳斯给我看这颗戒指，显得感动莫名。但他们以戒指象征为彼此而活的‘盟约’没多久便瓦解了。他们在这之后即形同陌路。”

随着二人哲学上的歧异，他们的晚餐也越加不愉快。一个见证人写道：克劳斯再也无法忍受康德指正的克劳斯终于爆出一句话：“我已经快要无法分辨浊水跟清水了！在接下来的星期二（通常我在那天会到康德家），我就再也没有看到克劳斯。”那是发生在1789年的某日。两个如此坚持己见的人，终究是不可能和平相处的，就像两棵种得太近的树，伸展出去的枝叶最后必定发生冲突。另一个人说，克劳斯曾告诉兰珀：不必再来招呼他到康德家吃晚餐。康德听了吓一跳，惴惴不安地告诉客人说：如果他能知道克劳斯不再出现的原因，他会比较容易平静下来；他根本不知道什么地方得罪了克劳斯。

克劳斯此举令人不解，以至被人形容为粗鲁甚至忘恩负义。为什么他不直接跟康德讲清楚？克劳斯在1789年秋天写给雅各比的信里表示，原谅一个侮辱过他的人对他而言从来不是什么困难的事，“但一旦思及以前的愤怒、焦躁、趾高气扬的种种指点，我便感到有锥心之痛，完全无法自已，即使在心情最开朗的时候，我必须说这些情绪极其愚蠢。”

由于两人共同的朋友都无法知道是什么让克劳斯如此反感，于是各式各样的猜测纷纷出笼。善意的人相信是克劳斯想要分摊伙食费，康德拒收他的钱。大部分人则认为两人的讨论存在歧见。他们最后争论的几个问题是：是否曾经有个伟大的人物同时也是犹太人。因克劳斯曾辩称犹太民族是“机智而才华洋溢的民族”，而康德认为犹太人当中没有出现过伟大的人物。然而，克劳斯的传记作者则表示，克劳斯不曾在任何场合说过犹太人的好话，他甚至笃信犹太人不可能成为好市民，甚至有人说他对个别犹太人怀有恶意。作为哈曼的好朋友，实在难以想象他会为犹太人的名誉而辩护。哈曼对犹太人的嘲讽，以现在的标准来看，已接近反闪族主义。而康德对犹太人门德尔松始终非常崇敬，且挺身为他雪耻。此外，康德有许多犹太学生，在他眼里都很优秀，赫兹便是当中最重要的一个。如果两人因这个议题而起冲突，那么立场应该颠倒过来才对。

康德从未谈过克劳斯愤懑的原因可能是什么，他始终很敬重他，没有说过他任何坏话。克劳斯也不曾公开且清楚地说明他的理由，但他作过某些暗示，如他曾说，与康德吃过晚餐以后的长坐与长谈花掉了他太多的工作时间而令他生厌。不过，两人未曾在公开场合发生过任何口角，甚至在康德生命的最后一年里，克劳斯还去探望了他。之前，两人若共赴一个宴会，也都刻意比邻而坐。但平时他们始终保持着一定的距离。克劳斯从未成为康德像格林一样亲近的朋友。但不管怎样，克劳斯离开后，康德再也没有可以分享想法且给他无私诤言的朋友了，康德开始孑然一身，那是他不曾有过的处境。

贵族聚会已显得滑稽

康德在家里开伙，并定期邀请朋友到家里共进晚餐，但并不表示他不再出外用餐。星期天，他通常在马瑟比家吃饭。博罗夫斯基说：“他是上流社会宴会里的常客，也时而出席好友愉悦的晚宴，午餐的邀请几乎是来者不拒，晚餐的邀请则几年来都没有再接受过。”康德通常在星期二的下午经常获邀到凯泽林克的官邸，康德是定期在那里聚餐的 12 个学者及“风趣的名流”之一。康德已是这一家人 30 年的老朋友了，康德非常欣赏已故女伯爵的谈吐，认为她是个风趣又有教养的女人。

令人印象深刻的是，康德不仅有“丰饶的知识”，还有“漂亮而充满机智的谈话”。博罗夫斯基说：我经常看见他愉快地聊天，怎么也无法把他跟讳莫如深的、造成哲学革命的抽象观念联想在一起。在这样的场合里面，他甚至可以为抽象的概念穿上最鲜艳的衣服，并精确地分析自己的见解。他有用之不尽的幽默，言辞经常带有辛辣的讽刺，脸上却看不出明显的表情变化。他对于上流社会和商界的语言都十分娴熟，也很清楚这两个世界的应对方式。

虽然平等精神在不断扩散，但在18世纪晚期的哥尼斯堡，平民与贵族还是两个差距不小的世界。在外人看起来，贵族社会有点怪异。一位客人曾描述了老凯泽林克的行为让他感到不适：当我们坐定后，老人出现了，身上一袭温暖的亚麻大衣，上面挂着黑鹰勋章。用过汤以后，两名侍者取下他的大衣，为他换上同样挂着黑鹰勋章的亚麻礼服。在烤肉上桌以后，礼服又被拿走，伯爵穿上了丝袍，当然也少不了黑鹰勋章。如果接下来还有下一场蜕变，那我恐怕忍不住要大叫起来；但在甜点端上来以后，只出现了主人的两个小孙子，大约五到七岁，穿着节日的服装，戴着扑粉的假发，在身侧佩有短剑，滑稽的模样无以复加。我们不知道经常看见这个场面的康德是否也同样感到滑稽。

即使在伯爵死后，晚宴仍然持续举行，这从希佩尔1788年12月16日星期二晚上描绘的一个场景里得知一二。由平民晋升为贵族的希佩尔，有记录对话与场景的习惯，以便将来能放到他的小说里面去。希佩尔描述道：

在一场围绕柏林各种事件的谈话里，康德发言出奇地少，但因我们的女主角刚从浴室出来，于是比平常精神了许多。

在用餐前寻常的寒暄和问候后，凯泽林克女伯爵对我说：您必须把我们分开，虽然我们到此为止难分难舍。

我：十分乐意。

冯·雷克太太：用餐后能否请您到我的房间一趟？

我：随时候教。

一场关于政治的热烈讨论，就是在这样的轻松而幽默的气氛下展开的。

康德与我都宣称俄国人是我们的主要敌人。

冯·雷克太太与女伯爵有异议，并为俄国人辩护。冯·雷克太太确信俄皇为人民所嫌恶、鄙视……相信不会有战争。

我希望发生战争，以便让和平更稳固，更持久。

当可怜的埃莉萨想要大快朵颐时，冯·雷克太太的女伴赖夏特女士总是阻止她。我于是替食欲辩护，因为至少总要有人投它一票，即使赖夏特女士有最后的审判权。

冯·雷克太太对康德说：我憎恨一切教条，认为宗教应该是在心里的事。

康德：是的，但自然宗教也有它的教条。

冯·雷克太太：那么它们也必须是可以理解的。

在一场关于自然科学的小争论中，我认为自然科学是迷信最主要的对手，康德则表示反对，认为它基于完全不同的原则。

没错，我说，但它告诉我们，如何以自然的方式解释"奇迹"，因为迷信是以奇迹为基础。

晚餐后，冯·雷克太太与康德谈话：

冯·雷克太太：您对我与施塔克的争论有什么看法？

康德：恐怕您是和一个精悍、聪明而骄傲的人在吵架。我建议您搁置下来，不要再看他写来的东西。

冯·雷克太太：怎么说？

康德说：在那里的图书馆必定可以找到知道这一切的人，因为有那么多库尔兰人到那里旅行，而且也有不少书信往返。

冯·雷克太太说：您知道我们今天的年轻人是怎么旅行的，图书馆都是他们最后才会参观的咖啡室。

众人渐渐散去，冯·雷克太太拜托我，在单独谈过话之前不要离开。

康德对该议题很少发言，原因是这场谈话设计了政治气候的新近转变。腓特烈·威廉二世登基后，他和他的智囊一致认为，有必要捍卫宗教。普鲁士国王对康德颇有好感，执政初期很礼遇他。然而，康德的宗教观及“粉碎一切”的名号，让新国王后悔对康德的支持。为此，康德担忧他的处境与先是受国王宠爱后来成阶下囚的维尔策相似。

但腓特烈·威廉二世不同于腓特烈大帝，由于没有很强的品格，因此对于智囊多是言听计从。因此由于他“过于依赖智囊，而由于他们的观点也不一致，以至于他的政策也摇摆不定”。腓特烈·威廉二世私生活最大的特色是接二连三的性丑闻，政治上却大力提倡宗教德行。即位以后，由于他不再满足于一妻一妾而坚持再婚，因而犯了重婚罪。然而同时，他却谆谆告诫臣民必须服从教会。他一方面捍卫宗教戒律，一方面又过着贪得无厌的生活。如此的虚伪，臣民当然都看在了眼里，他叔父在道德与政治上的威望，在他身上一概看不到。

腓特烈·威廉二世领导力的不足，也反映在他的宗教政策上。在玫瑰十字会蒙昧主义的影响下，国王被宗教狂热者包围了，而这些人的当务之急便是铲除理性主义的“恶根”。教会里最重要成员是沃尔纳（1732—1800），其影响所及，连国王都加入了他的秘密教会。为此，沃尔纳1788年7月3日成了主管宗教事务的部长。这等于腓特烈·威廉二世把玫瑰十字会变成普鲁士半官方的意识形态，因此其竭尽所能废除威廉一世及其官僚对宗教的理性主义改革。沃尔纳最大的企图在于取代作为康德在柏林最重要的支持者之一的冯·策德利茨。1788年7月9日，王室公布了宗教敕令，12月19日又公布了书刊审查敕令。

康德开始担心自己丢掉工作，因为与康德关系密切的比斯特已经接受侦讯，而另一个作家因他的作品而被关到斯班道的监狱。康德在会谈中就宗教问题很少发言，但对腓特烈大帝所允许的“唯一的自由”，言论自由，却侃侃而谈。目前，腓特烈·威廉二世正要把普鲁士带回到康德年轻时的局面。

大革命的到来

1789 年 7 月 12 日，酝酿已久且康德和友人屡次讨论的话题终于明朗了：由于法国国内财政危机，路易十六于 1789 年 5 月在凡尔赛宫召开“三级会议”，希望通过紧急赋税改革方案拯救危机，但第三等级议员一开始便在许多基层神职人员与部分贵族支持下提出了彻底改革社会的要求，形成了反王室的势力，并于6 月 17 日自行宣告成立国民公会，且誓言在宪法完成草创前绝不解散。7 月 11 日，国王撤换内克，导致巴黎市民群起反抗，甚至连法国皇家卫队都加入了群众队伍，并于 7 月 14 日攻陷巴士底狱。路易十六虽然名义上仍是法国国王，其实王朝已告倾覆，因此 7 月 16 日他不得不重新任用内克，并解散了自己的军队，两天后“承认了起义后建立的新政权”。1789 年 8 月 4 日，国民公会取消所有贵族特权，旧秩序瓦解之快超出了每个人的想象。新秩序，在新宪法序言中进行了概括性表达。一位历史学家曾这样评论：这是一篇高贵且结构完整的文本，与美国的前例颇多相似之处。在短短的几句话里表现了精髓：“人生而自由，享有平等的权利”及由此而衍生的所有自由：公民平等、税赋平等、个人自由、平等就业机会、人身保护、法律不溯及既往、私有财产之保证，等等。

受法国大革命影响，莱茵河畔的德国也出现了暴动，但并没导致群众性的革命运动。德国的很多核心知识分子如歌德与默泽始终反对法国大革命。不过，大部分知识分子至少在初期都表示支持，老一辈作家如克洛普斯托克与维兰德对其表示赞同。年轻作家如赫尔德、席勒与费希特都慷慨激昂地投入了笔力革命，而他们三人都曾受康德影响。康德也跟学生一样为革命感到振奋。他的一个旧识说：“他活在革命里，行走在革命里，即使大恐怖的消息传来，他的希望还是那么坚定。当他听见共和国缔造成功时，激动地呼叫：主啊，让您的子民们安息吧，因为我看见了世界的荣光。”1783 年跟随康德学习的弗里德里希·根茨，在 1790 年 12 月给加尔弗的信里写道：这场革命是哲学第一个实践的胜利，在世界史里，是首次以有秩序的、结构合理的体系为基础的政府形式例证。那是人类的希望，对于其他地方仍然在长久的邪恶里哀号的人们而言，也是一种慰藉。

但以施塔克为代表被称为“潜藏的天主教徒”，把革命视为恶棍、共济会和光照派的作品。由此，坚持批判现状的人，旋即被扣上了雅各宾党人的帽子，随之镇压令在德国纷至沓来。而在哥尼斯堡，不要说为法国大革命美言，只要以宽容的态度看待，便会被视为雅各宾党人而列入黑名单。为此，根茨不久便改变了自己的想法，而康德始终坚定不渝地支持革命。尽管如此，康德还是口无遮拦地在上流社会的晚宴里畅谈革命的理想，而在座的人因为平时对他十分崇敬，因而也不以为忤。梅茨格说：康德大胆而毫无忌惮地在任何人面前，包括国家高官，阐述他支持法国大革命的原则，年复一年，是不是至死不渝，则我无从得知。

康德是公开的“共和主义者”，但只有少数人与康德的意见一致，如宫廷牧师、数学教授舒尔茨，克劳斯则“彻底蜕变成共和主义者”。博罗夫斯基记载了当时康德的态度：如果有人公开反对，他便觉得受辱；再不退让，他便满腹委屈。当然，他不会把自己的意见强加于他人身上，但是有人来反驳他，便衷心感到不悦。如果他发现某人一直是这样，便干脆避开这个话题：“我想我们最好不要谈起那件事情。”

当时，革命成了康德最感兴趣的话题，他对后续事态发展的好奇，会驱使他“走几里路去领取邮件”，以便可靠的私人传讯能及时带给他莫大的喜悦。直到 1798 年，他仍然“全心全意地热爱法国的变动，再残暴且不道德的发展也无碍于认为代议制度是最好的制度”。

道德实践与人权法律

对于启蒙，康德始终谨慎但并不恐惧。1793 年 3 月，柏林出版家施佩纳征询他是否同意再版 1784 年的论文《从世界公民的观点撰写通史的想法》，他拒绝并回函解释说："当这个世界的强权狂飙时，不管这是上帝的或穆费特的气息所造成的，明哲保身的侏儒是不会介入的。"但 1793 年 9 月，康德一年前向比斯特承诺的文章出现在《柏林月刊》上，题为"论谚语：理论正确，实践无方"。在这篇探讨道德问题的论文中，康德提到了新闻自由、革命权、战争的权责、和平的维持及政府权力的本质等问题。其实，这是一篇意在讨论政治的论文，当然这不是国王所喜闻乐见的。

康德通过论文对柏林思想审查制度进行的论辩，等于是在向"大地次神"之一的腓特烈·威廉二世叫板。其实不久，他便得到了回应。德国保守思想家雷贝格和根茨公开响应了康德，国王则更简单，一纸特别令：禁止康德再发表相关主题的言论。但康德 1793 年 11 月还是写了一篇回应柏林科学院的文章《自莱布尼茨与沃尔夫以降，德国形而上学真正的进步是什么?》，试图说明他的批判哲学带来了形而上学的进步。

在此，他重提了"第一批判"关于形而上学进程三个阶段的观点，即独断主义、怀疑主义与纯粹理性批判主义。在历史陈述部分，康德首先简介的莱布尼茨的哲学原理，其内容和响应埃伯哈特的论文稍有不同，称莱布尼茨形而上学四大原理为：不可区分者的同一律、充足理由律、预定和谐论和单子论。由于康德认为预定和谐论为"哲学史中最奇特的虚构物"，因而把莱布尼茨与沃尔夫判定为哲学的第一阶段。第二个阶段即怀疑主义，康德认为其等同于第一批判里所讨论的纯粹理性的二律背反。第三个阶段是他所谓"实践和独断地跨越到超感性"，其内容是关于意志自由（自律性）、上帝存在和灵魂不朽的讨论。在题为"科学院问题解答"一节里，他概述了理性宗教、超越神学和道德神学的论点，并与"莱布尼茨和沃尔夫”的观点作了比较，认为“莱布尼茨和沃尔夫时期”的哲学是试图去阐明已经被他证明为不可知的，但基于充足道德理由而可以“相信”的事物。康德认为，形而上学是围绕两个核心展开的：其一，空间与时间的观念，它指向超感官且不可知的东西，如果它探究的是超越感官对象的先天知识，则可称为理论的独断主义。其二，自由概念的实在性。由于自由是可认识的超感性事物概念，因此其实质是实践的形而上学独断主义。其实，这两个轴心共同基于理性概念。因为形而上学混淆了现象与自在之物而造成了纯粹理性的二律背反，因此形而上学作为假象必须加以破除，而理性的辩证性是造成由感性过渡到超感性的根源。

由于理性主义对宗教意识形态的挑战，使得普鲁士国王对负责这项工作的沃尔纳很是不满，并于 1794 年 4 月 12 日撤销了他的部分职责，以便他能专注于宗教事务而毫不留情地对付理性主义，捍卫正统派基督教及玫瑰十字会的理想。但沃尔纳仍旧建议国王审慎行事，但国王较为狂热的部属却步步进逼，最后造成了相反的效果。当委员会抵达哈勒审查教授对于正统派的忠诚度时，学生发生了由教职员所策划的暴乱，且收到了预期效果。学生砸破了委员会住宿旅馆的玻璃，委员会成员接到谋杀的恐吓，只好悄悄地离开了。

康德之所以没有在 1795 年 6 月 1 日的截止日期把应征作品交给科学院，是因为沃尔纳受命国王在 1794 年 10 月 1 日致函康德：国王陛下长久以来很不高兴地看到您的哲学如何遭到滥用，而丑化且贬抑圣经和基督教的基本教义，如您的《仅论理性界限内的宗教》及其他论文。我们对您曾有更高的期望；您应该自知如何伤害为人师表的责任，以及如何辜负如此了解您的国王。我们要求您以良心面对您的义务，期待您自己用心规避最严酷的后果，从此以后不复再犯……若您继续违抗，将有很不愉快的措施降临。尽管康德也不是唯一收到该命令的人，其被警告的对象是所有“越轨的牧师、学校教员与教授”，但特别提到了“哈勒的尼迈耶与罗塞特、法兰克福（奥德河）的兰贝克以及哥尼斯堡的康德”。博罗夫斯基说，鼓吹彻底决定论的舒尔茨已经遭到了解职。

康德明白“不愉快的措施”的含义，如解聘或无薪俸强制退休，甚至流放。因此像1723年的沃尔夫一样，1794年的康德尽量取悦国王以保住自己的职位，因他已年届七十，不堪面对迁居的可能。再者，康德意识到，继续抵抗也不见得能对普鲁士的发展造成什么影响。于是康德于10月12日在回函中，就国王提出的两个申斥作了解释：首先，他没有规避为人师表教育民众的责任；另外，他根本就没有评价过“基督教”，因此不存在对基督教作出负面评价的可能，更没有理由背负贬抑宗教的罪名，因为他对宗教怀有极大的敬意，且始终是很宽容的人，未曾侵犯他人的信仰。他最后写道：“为了扫除一切的疑虑，我认为最确切的办法，便是以国王陛下忠诚子民的身份郑重宣布，从此不再讲授与宗教有关的课程，无论是自然宗教或是天启宗教。”关于“形而上学有何进展”的神学论文，便是康德搁下的计划之一。有人认为这是康德的权宜之计，因为他是以国王臣仆的身份作的承诺，只要“国王陛下”不在世了，这个承诺就不再有效。

另外，康德也确实做好了失去腓特烈·威廉二世从前给予的好处的心理准备，甚至准备接受丢掉“全部的薪俸”，因为他的积蓄已有完善的投资，不怕因生计匮乏而陷入窘境，尽管他不像希佩尔那样富有，但也算生活充裕，因此他“态度非常从容，并且畅谈了一个懂得理财的人在必须面对他的处境时如何受用，而不需要向别人卑躬屈膝”。然而，灾难没有降临到他的头上，康德的盛名不仅让他免于更严重的后果，而且在他收到申斥书的同年还成了圣彼得堡科学院的院士。康德的书桌上仍摆着与宗教有关的文章，还写了一份手稿，题目是《学科的争论》，但无法发表。该篇论文是斯托伊德林为一份宗教研究新刊物写的约稿，康德在1794年12月致函斯托伊德林表示他写好的《学科的争论》已经“有一些时日”了。估计这篇文章完成于1794年6月到11月间。他在信中还说明，如今因为与柏林审查单位发生了麻烦，恐怕无法付印。

《学科的争论》的第一部分是“哲学系与神学系的争执”，这篇文章与康德“论善恶原理宰制人类之战”的遭禁有密切关系，他力图进一步说明哲学家不应被要求把作品交由神学系审查，因为这个规则不符合学科分工的专业规范。虽然神学家有对圣经信仰的维护权利与责任，但也无碍哲学有理性批判检证的自由，哲学系的教学内容应该“不受政府管制”，将地位较高科系之一的神学系置于哲学之上是不对的。如果地位较高的科系有权主宰哲学的话，那么哲学便失去了自由。康德进一步追问，一个政府是否可以“使某个神秘教派得到正统教会的地位，或者在符合自身的目的下，能够容忍且保护它而给予它特权”？康德的回答是“不”，因为宗教以纯粹实践理性为基础，所以是普遍而必然的，但“教派”只是个人偏好，因此统治者不应偏袒任何教派，更不应让神秘的教派登堂入室而成为国家的正统。例如，敬虔会因宗教与道德问题“神秘不可解”而宣称“只要相信教义即可”，因而把道德摆在次要地位，而对宗教义务和救赎进行迷信。由于神秘主义是“个人的事”而“与大众无关”，所以政府应把宗教放在政府的影响范围之外。

但是，康德并没有像美国的开国者那样在政治里把宗教的角色极小化。他相信，基督教是必要的，因为它是个道德宗教，但他反对宗教历史习俗，因为那是个人的事。但是，就是这样的观点，也还与腓特烈·威廉二世及其部长们的想法相左。

《仅论理性界限内的宗教》

1794 年 1 月 6 日，康德完成了《仅论理性界限内的宗教》，其中包含如下四篇发表过的文章：《论人性里的根本恶》，遭禁的《论善恶原理宰制人类之战》，《善之战胜恶以及上帝的王国在人间的建立》，《论宗教与神职人员》，前面加有一篇短序。

序言开头第一句就挑衅般地说道：“如果一个人是自由的，也就是因其理性而受到绝对且无条件性的法则所规范，那么以这个人的概念为基础的道德，就不需要预设着主宰人类的更高存在者去认识其义务，也不需要法则以外的其他动力去服从法则。如果我们有这样的需要，那是我们自己的过错。由此的可能推论是，敕令的颁布既非必要亦无益处。”

在第一篇文章里，康德论述了“道德的善或者恶”的问题，即人性中“善的准则或恶的准则（尚未被研究）的根本原理”，或“在自由法则下养成或服从我们的准则的最高原理”。康德认为，由于恶是人的自然习性，因此不是人力所能克服的，但人心里善的理性准则可以对其进行抑制。倘若一切向善的最高原理被恶腐化，人就会向恶。因此性恶论意味着“人类意识到道德法则，却把（偶尔的）偏离接纳到他的准则里”，为此人应对恶负有责任，尽管人是恶的，但义务会令他为善。

人向恶有时间起点，可回溯到“理性的使用尚未成熟的阶段”。如果人的道德准则基础已腐败，那么人如何凭借自己的力量除恶向善呢？圣经里“天使堕落”的故事很有启发：人的恶来自于诱惑，这意味着人并不必然要堕落，有改善的可能。我们唯一的办法就是进行“思想革命”以建立“道德品格”，然后像萨特那样“选择我们自己”，对自身负责，让善的理性发生作用，以便“与顽强的兽性展开搏斗”。康德说：“自然的历史以善为起点，因为它是上帝的作品；而自由的历史则以恶为起点，因为它是人的造作。”从人性来看，人类有史以来即已“堕落”；而从自然的角度看，堕落必然导致生命的灾厄，即“惩罚”；但从道德角度看，人可以自己选择善的责任，即“拯救”。

第二篇文章，康德探讨了善与恶的对抗问题。康德反对摩尼教预设“道德本体论”而把宇宙视为善恶两种力量的战场，因为关于蛰居在我们的理性中的恶与善是哪里来的，康德认为“它也是不可知的”。这正如莱辛《论人类教育》主张的，康德也认为圣经只有道德意义，因为无论“诱惑”在自身或外界，最后结果没差异，我们同样都是有罪。为此康德说明路德教义与道德信念间不必然存在冲突，而道德作为信仰，使得圣经的神迹故事变得没有必要，尽管“世界中唯一真实的宗教的导师本人或许真的是个奥秘，他的降生和离去，他充满事迹的人生，或许的确是神迹”，但我们可以不把它变成宗教的教义，重要的是内在的“道德存心”，而不是外在的“神迹”。

第三篇文章，康德再次论述了“希望”问题。康德反对宗教永生与个人救赎，而“以自然而然的、单纯的德行法则去维系全人类”，从而把“上帝在人间的王国”改建为“伦理公民状态”，即唯有认识我们的心灵，才唯一可以建立合理的法律，使得外在的法律符合内在的道德法则。为此在本文最后一部分，康德主张，我们可以根据义务和上帝命令何者优先来区别天启宗教和自然宗教。天启宗教视上帝命令为义务准则，而自然宗教则以道德义务为优先。据此，康德认为，基督教可以视为“自然”与“习得”的宗教。作为自然宗教，它“可以透过理性让人理解并接受”其可能性甚至必然性，只需一个道德性实例就可以阐明“其教义或权威”的“不需要外来的担保”，因那是“不证自明的原理”。而天启宗教则是“主观”宗教，其无非是“我们的所有责任都是上帝的命令”，而宗教牧职则更是一种外在的宗教习俗。因此，我们可以道德理性信仰区别“真实的礼拜”和“虚假的礼拜”，只有道德信仰才能取悦于上帝，因此只有道德实践才是真正的礼拜，而任何“偏离善的轨道的礼拜”都是“宗教狂与假礼拜”，而祈祷、圣仪、朝圣和告解更是愚人对自己的愚弄，因为祈祷作为获取利益的方法，是一种不合理的“迷信偏执”。如果上帝是全知者，那么向一个全知者诉说愿望就是“多余的”。并且，这种拜物主义会进一步导致“伪善”而侵蚀人的正直与忠诚，这些崇拜仪式不仅不会生起善的意志，甚至还会导致宗教狂热，进而导向“理性在道德上的死亡”。

康德论述的这种自我摧残的宗教政策，正是康德于1788—1790年间在普鲁士所看到的。因此，康德的《仅论理性界限内的宗教》不仅是宗教哲学的理论性论文，同时也是政治性檄文。其实，康德的《仅论理性界限内的宗教》、莱辛的《论人类教育》、门德尔松的《耶路撒冷》及在《柏林月刊》中的作品，都是力图要把当时美国已经享有的宗教自由带进普鲁士，他们关切的已不止是宗教自由，更是公民自由。康德天真地抱有“教育救国”的希望，力图通过改变包括国王在内的读者来改变德国社会。康德说：“某个（正在准备以法律保障公民自由的）国家的国民，还没有成熟到享有自由”，“大地主的奴隶还没有成熟到享有自由”，“人类还没成熟到享有信仰自由”。为此康德暗示法国大革命：诚然，最初的尝试总是粗暴的，总是有许多艰难与危险。然而一个人要成熟到可以享有自由，就必须“自己”去尝试。如果有当权者因为迫于时势而把这三个束缚的松绑无限期搁置，我并不反对。但是如果原则上相信臣服者没有享受自由的资格，那是侵犯了上帝的权力，因为它所创造的人类是自由的。

《永久和平论》：“学院派的理论政治家”

1795 年 12 月，希佩尔的一个朋友在信中写道：我最近充满敬意地悉心阅读我们的名人关于宗教与政治的作品，但他最新的政论文章《永久和平论》似乎没有为他带来一只镶钻的金杯，因他似乎自始就放弃了这个愿望。但是令我感到相当高兴的甚至惊讶的是，我们的国家在政治上竟然如此宽容，而他形式或非形式的基本原则，与当地的阶级信仰和法律又是如此格格不入，在我的眼前浮现的是一个尊贵的老者，就像他的朋友索伦一样，在统治者的面前神情自若，并且在问及“是什么让你变得这么顽劣”时，他以笑脸回答说：“因为我的年纪大了，国王陛下。”

1795 年 8 月，康德将他的《永久和平论：一个哲学构想》（引文采用何兆武译《永久和平论》，上海人民出版社 2005 年版）交给了哥尼斯堡的尼古洛维乌斯出版，并在圣米迦勒节问世。这本书的写作背景之一是腓特烈·威廉二世 1795 年 3 月自第一同盟战役中撤回，另一个背景是始自 1713 年关于“永久和平”观念的长期论战。康德承袭莱布尼茨、伏尔泰、腓特烈大帝和卢梭学说，展开了自己的政治和法律理论。

康德很清楚这本书将会给自己带来什么样的麻烦，因此他以一个自谦且具有讽刺意味的“安全条款”作了开场白：一个“纯学院派”的“理论政治家”不可能对国家构成威胁，因为“有世界观的政治家”或“实践的政治家”本来就不屑于纯粹的理论。然后康德提出了他的主旨：世界和平的基础在于，世界公民法作为世界公民的人权法律而取代古典国际法。康德以两大部分、两个补篇和一篇较长的附录进行了展开论述。

第一部分收录了关于国与国之间永久和平的先决条款：(1) 和平条约里不应该秘密保留导致未来战争的材料；(2) 国家不是另一个国家可以取得的标的物；(3) 不应有常备军；(4) 不应有国债；(5) 不以武力干涉其他国家的体制与政权；(6) 战时不应采取极端措施。

第二部分陈述了“各国之间永久和平的正式条款”：(1)“每个国家的公民体制都应该是共和制”，这一体制应建立在三个原则上，即每个社会成员作为人的自由原则，所有人作为臣民对于唯一共同立法的依赖原理，及所有国家公民的平等法则。这是根据原始契约观念得出的唯一体制。康德不希望“像常常会发生的那样”把共和体制与民主体制混为一谈，尽管他认为所构想的“共和体制”与“形式的民主体制”是相通的，但他认为民主政体背后实质是一种专制制度，因为民众因无知而不具备民主意识，故普选者只能使国家政权被专制者愚弄。只有共和制才能真正实现民主，因其行政权与立法权分离，它核心是代议制政府，即通过普选而推举专业精英代表人民行使议会权力而产生政府；(2)“国际法应以自由国家的联盟制度为基础”，康德以前的文章已提过该主张；(3)“世界公民法应限于以普遍的友好为其条件”。

在第一个补篇中，康德讨论了永久和平的保证。他像以前的斯多葛学派一样，认为必须来自天意。以前他对此也曾多次作了说明。第二个补篇，提出永久和平的秘密条款，主张正在为战争而准备的国家，必须考虑哲学家有关公共和平可能性的条件准则。虽然我们不能期待国王的哲学化，但他们至少不应该封住哲学家的口。哲学家应该有公开讲话的权利。补篇还深入探讨了道德与政治的关系，及它与“公共权利的先验概念”的关联：“凡是关系到别人权利的行为而其准则与公共性不能一致，都是不正义的”，及“凡是（为了不致错失自己的目的）而需要有公开性的准则的，都是与权利与政治结合一致的”。公开性是道德政治的必要条件，没有公开性，永久和平的目标便无法达成。

这部作品最后以个人评论结束：如果实现公共权利的状态乃是义务，尽管是只存在于一种无限进步着的接近过程之中，同时又如果它是一种很有根据的希望；那么永久和平——它迄今为止只是虚假地随着所谓缔结和平条约而来——就不是一个空洞的观念，而是一项逐步地解决……在不断朝着它的目的接近的任务了。

关于康德的“世界主义”理念，至今仍在争论。有人斥之为“欧洲中心主义的幻想”，有人赞叹为人类和平生存的希望。现实性如何留待后世去证明，但至少康德不把自己看作普鲁士人而是世界公民，他很高兴自己能恰逢其时活在了一个对人类历史影响深远的变革时代，而且他觉得自己去探讨和扶植这种变革责无旁贷。

康德从先验道德观角度认为：至善不是在另一个世界完成的，而是人间实现的使命。我们有必要重新诠释宗教理念，以符合人类的道德理性需要，类似麦迪逊、杰弗逊及其他美国宪法创始者所倡导的内容。“世界公民”理念关键在于改造“公民宗教”，以理性的合理性理念取代宗教理念。

第十章　康德的老年

康德在1789年年底注意到自己的健康状况有了“革命性的转变”，因此1789年下学期，康德第一次减少课时只开了9个小时的课，从此再也没增加过。65岁的康德觉得自己只有“在上午工作两三个小时”，傍晚通常感觉过于疲惫。

大学评议会在l796—1797年上学期的会议记录里有这样一段记录：

“伊曼纽尔·康德，哲学系逻辑与形而上学正教授说：‘我因年事已高和微恙而成为不能开课的讲授。”康德在该年的轮值大学校长职位时，他拒绝了。他“早已死去的朋友称美的”的健壮身体，开始令人担忧。如今，他对“健康”的定义已调整为“没有失眠”、“可以进食”、“也可以走路”。居住在外地且一年只到哥尼斯堡几次的雅赫曼，较容易感觉到康德的变化。他在1804年写道：虽然在某些日子里，他的身体情况特别好，因而展现了和从前相同的心智能力。但这段时间以来，他的衰老已经更明显……

后来，康德就不再讲课了，也不再参加大学评议会的会议，因此也比从前更深居简出了，但他依旧早上五点起床，喝一点茶，吸一管烟斗，“然后坐在书桌前面，一直工作到将近下午一点”。工作完后，穿戴整齐，准备吃午餐。午餐时间是下午一点到三点，有时更长。他通常邀请两个客人，吃过饭后，出去作每天大约一个小时的例行散步。天气不好的日子里，仆人兰珀会陪伴着他。回家后，处理一些家事，然后读报纸和杂志。晚上十点就寝前，思索一下著述工作，并在小纸片上作一些笔记。

孤独的教授

由于康德渐渐衰老，他在哥尼斯堡大学对学生的影响力也逐渐式微。之前，哲学系的授课比较平衡，克劳斯经验性且较为“实际”的授课取向，和康德理论性的抽象风格形成了良好的互补。现在，“克劳斯的学说无疑有了更大的比重，也较有声望”，克劳斯公开宣称，他的目标是“在接受他的教导的学生身上，而不是在没有生命的书本里”延续自己的生命。虽然陆续有许多人从外地来拜访康德，但他在家乡的名声却不再如往昔一样响亮。某些对他的成就不以为然的人，甚至开始公开谈论康德的缺点。特别是费希特，根据物理和化学新成果而背离康德，根据辩证法创立了“主体自我设立”的理论。由此康德只要听到费希特和他的学派便怒不可遏，并通过分析其名字来说明其背信弃义：“费希特”的德文原意是“松树”的意思，而在拉丁文里，把一个人“引到松树后面”便是欺骗的意思，因此“不好的证明”后来被引申称为“松树证明”。康德的许多熟人都同意他对费希特的看法。博罗夫斯基就认为，这个人对老哲学家“一点也不感恩图报”。另一批人则站在费希特一边。尼古拉的攻击也刺伤了康德，因此他说此人与埃伯哈特都“不想了解他的体系”。谈及赖因霍尔德，康德“只是耸耸肩而已”，当有人问他为什么从不对赖因霍尔德表示意见时，康德回答说：“赖因霍尔德曾经给我很多帮助，让我无法对他生气。”他还咒骂赫尔德“想要成为一个独裁者，而且有众多信徒跟随他”。对于为他写书评的贝克，康德也不满意，因为康德认为他的观察能力不够敏锐。

康德的老朋友，大部分不是过世就是行将就木，这时最常与他一起吃饭的是希佩尔，但希佩尔生了一场病后于1796年4月23日撒手人寰，享年55岁。几乎没有人知道希佩尔匿名发表了许多著作，只有舍弗纳知道真相。希佩尔的某些书在全国很受好评，如果他承认自己就是作者，那他将成为知名的作家，但他没有这样做，原因之一是他担心柏林的国王与部长知道他受到了“诗的恶魔”的侵蚀，而没有把精力集中于公务上，他的高级官员生涯恐怕会平添变数。由于希佩尔没有处理掉“堆积如山的稿件”，数以百计的笔记、心得、引言及关于朋友露骨的性格描写，使他的朋友一片哗然，甚至对希佩尔的人格产生了怀疑，他秘而不宣对朋友友谊在文学上的利用，许多人觉得难以忍受。他留下了14万塔勒，当时是一笔可观的数字。人们还发现，希佩尔是个纵欲者，有各式各样的性癖好，其中之一是让他的仆人用湿毛巾鞭打他的身体。为此，舍弗纳极力撇清自己与希佩尔的关系，并向外界解释完全不知道希佩尔的性癖好等其他缺陷。舍弗纳对希佩尔的年轻时代完全没有了解，而始终把他看作自己的上司。舍弗纳也是从遗稿里知道了“希佩尔并不是像他自己所相信的那种朋友”。因此希佩尔死后，当别人才对舍弗纳谈起与希佩尔交往的感觉，舍弗纳说希佩尔是个唯物主义者，不诚实、吝啬而且耽溺于情色。

希佩尔生病期间，康德每天都探问但没去看他。在老朋友死去那天，康德说：“对于受他影响的人们而言，这当然是个损失，但我们应该让死者与死者一起安息。”康德以此终止了所有和希佩尔有关的话题，没有跟其他人一起责怪希佩尔，一如往常地称他为“从前的”、“亲近的”且“友好的”朋友，因为同样在行的康德比一般人更明白希佩尔在世俗成就和理想品格矛盾之间进行平衡所造成的复杂人格。希佩尔有宗教信仰，而康德没有，希佩尔一生都是敬虔会教徒，在德国新教《歌集》里，可以找到他写的赞美诗，然而他也是共济会信徒，坚持启蒙运动。另外，他还是以斯特恩风格写作讽刺诗和喜剧的怀疑主义作家。他在1793年12月写给康德的信里说：我无法告诉您，我多么渴望与学养丰富的您交往，就如您所知，我从您身上学到的比哥尼斯堡其他人所教我的还多，因为您知道我多么敬仰您……在我生病时曾让人为我阅读《仅论理性界限内的宗教》……伊曼纽尔·康德这个不朽的名字可以毫无保留地放在书的扉页上面；它可以且即将带来许多正面的影响。希佩尔不像许多其他官员那样，认为该书很危险。雅赫曼曾在1794年请求康德运用他对希佩尔的影响力，替他在哥尼斯堡谋求一个职位，在康德的关心下，雅赫曼得到了一笔奖学金。

希佩尔死后不久，来自哥廷根的弗莱明对希佩尔与康德已出版作品相似处的比较，发现希佩尔大量引用了康德人类学和形而上学讲课笔记，认为他们便是《生平》与另外两部匿名著作的作者。不久，贝克又认为，康德只写了哲学部分。不过，康德在年底写了一篇《关于希佩尔作者身份的声明》，声明自己既不是作者，也不是共同执笔人，希佩尔与他作品的相似处，只因希佩尔使用了他学生的笔记，“因而我这位不曾特别研究过哲学的朋友，可以把他手上的材料用来当作给读者开胃的调味品，却没有办法说明那是来自邻家院子还是来自印度。”

其实，在《生平》出版后，康德立刻就知道希佩尔是作者，尽管希佩尔不曾跟他提过关于该书的只言片语，而康德也理解在上流社会里隐姓埋名的苦衷。康德也很清楚有多少自己的思想被收录在《生平》和《论婚姻》里。由于希佩尔是他“从前的学生，后来又是个聪明机智的旧识，在最后的十年是一个往来亲密的朋友”，因此康德不愿去伤害他。另一方面，他也不希望别人认为他与希佩尔的创作有任何瓜葛。其实，无论康德还是希佩尔，都不认为这对他们的友谊有任何妨碍，这是他们与众不同之处。希佩尔认为“言辞的表达透露了一个人的思考方式”，而写作只是言辞的模仿，重要的不是谁来说它，重要的是要重视灵魂性的东西。因此博克觉得，“如果希佩尔有任何朋友的话”，那么“有很大的娱乐效果”的是康德是希佩尔亲密的朋友，因为康德的言谈让人产生了希佩尔剽窃他思想的印象。

随着希佩尔的离去，康德不仅失去了另一个朋友，他的社交和知识生活也失去了一个重要的元素。1797 年夏天，解剖学家与外科专家梅克尔（1756—1803）造访哥尼斯堡，曾去过康德家里并发现康德的心智已经如此衰弱，认为康德此后难以为未来的哲学辩论带来任何原创性的见解。珀尔施克则在 1798 年 7 月写信告诉费希特说，康德或许因年纪的关系变得比较衰弱，但这并不表示康德的“心智能力已经停摆。的确，他已经没有办法长时间专心思考；他现在只能开采他的记忆宝库，但即使是在这样的状况下，他还是有出类拔萃的组织与构想”。舍弗纳描述说：“过去康德在聚会时总是令人激赏，现在在某些时刻中也一直是如此，令人讶异的是，他只要一拿起羽毛笔，就可以像从前那样雄健沉稳地写作，只是不再那么有耐力。”博罗夫斯基则不喜爱康德哲学，因此说：“文字只是衣服，但在这里，衣服决定了你是谁。”阿贝格的报道让我们可以一窥当时康德餐桌上惯常的谈话主题。一般而言，他很少涉及哲学，即便是正在进行的著作也是如此。有时他会讨论科学方面的问题，如矿物学和生理学，但较常谈论到的是哥尼斯堡本地与外地的人物，包括哈曼、赫兹、希佩尔、罗伊斯、施马尔茨 、施塔克和费希特，如费希特最近成了哥尼斯堡一个私生子的父亲。他也经常谈及日常生活，如饮茶、吸烟斗、鼻烟、饮酒和燃煤等心得，但最常聊的是政治。康德对流行的政治概念和正在发生的政治事件相当有兴趣，且都有自己的定见。他带着哲学家独有的批评眼光去评论，法国、俄罗斯和英国、犹太人的政治地位与社会阶层关系、君主存在是否必要等等，都是让他起劲的话题。康德比任何人都同情法国大革命。耶尼施曾表示：“十字军东征的后果，我们看到了宗教改革。但这一切与发生在眼前的大革命比较起来算不了什么，它将带来什么样的结果？”康德回答：“很伟大的、无限伟大的，而且有益的结果。”布拉尔透露说：“康德全心全意地喜欢法国的革命”，他“虽然预设上帝的存在，但不是真心相信它”。

虽然康德不再参加会议，但仍是大学评议会成员。神学家雷卡德虽然也过于老迈而无法参加会议，但也一直不辞职，因为大学基金会提供给委员家属的优惠，使得评议会委员的身份不只是个空洞的形式。由此，1798年6月，当评议会部分年轻委员提出有必要允许两位教授以候补身份补足委员会的缺额时，康德觉得侵犯了他的权益，并在1798年7月公开提出抗议。最后他和雷卡德一切与职位相关的特权都毫发无损。后来大学官员霍尔茨豪尔向国王报告了此事，但国王却完全站在康德与雷卡德一边说："他们为学院服务多年，增添了它的光彩和荣耀，我们相信他们只要健康允许，将会继续作出贡献。"可是雷卡德在该年年底过世，而康德继续担任评议委员有三年之久。

准备终局："捆好行囊"

格合恩在1797年2月2日给儿子的信里说，康德没有开课，也不会再开课，因为，"他想要利用余生将他的稿件整理好，把遗稿交给出版商。早在三年前，有人问起他的稿件时，他便回答说：'啊，那能是什么呢？捆好行囊吧！我现在能打算的只有这个。"康德1794—1796年间，没有发表多少作品，而在1797—1798年比较多，其大部分是"整理旧稿"所得，如，《法学的形而上学基础知识》（1797）与《德行学的形而上学基础知识》（1797），大部分材料是从他的讲课中延伸出来的，很少有新内容；《学科的争论》（1798）收录三篇文章，一篇写于1794年，第二篇完成于1795年10月，第三篇作于1796—1797年；《实用观点下的人类学》（1798）则完全以其授课笔记为基础。除整理旧稿外，他还写了一些短文和评论时事的公开信。不过这时，他的作品已不再有新鲜的想法，且文脉与雅赫曼的描述相符，可以进行预测。不过，康德1796年5月在《柏林月刊》针对施洛瑟《柏拉图书简暨历史性导论及批注》（1795）所发表的最后文章之一《近来哲学界中高贵的声音》却很有内涵。

“近来哲学界中高贵的声音”

施洛瑟是歌德的连襟，曾在巴登政府任职，退休后专志于哲学性工作。由于他对启蒙运动不很欣赏，因此反对巴泽多的教育改革。他认为，大部分的小孩都没必要学习“高等”的事物，只需习惯于规律的工作即可。施洛瑟还发展了一套自己的柏拉图神秘主义，主张知识的基础不是理性推论而是直觉。其实，这个观点不过是某些圈子里已相当流行的“感觉哲学”的另一种形式。施洛瑟的立场与雅各比及黑姆斯特惠斯哲学观念相近，不过他的神秘主义和被腓特烈·威廉二世及沃尔纳视为启蒙哲学解毒剂的玫瑰十字会教理并行不悖。

康德在尚未发表的论文《学科的争论》中已对这样的观点进行了抨击，并在写给斯托伊德林的信中解释了拒绝的理由：里希滕贝格以讽刺的手法在对施洛瑟抗蒙昧主义的“高贵”哲学进行攻击的同时，也对生活在柏林的“陛下”进行了影射。康德对这位神秘哲学的“新主人”感到不屑，就像他看不起苦行者、炼金术士和共济会的信徒一样。为此康德对“高贵”哲学进行了自己的定义：以“知性直观”为基础，不需方法而明白地开展其观点。康德认为，这种“日耳曼的新智能”完全不同于“形式的要求”，它告诉我们可以通过“感觉得到秘密”。为此康德说：“抛开概念的吹毛求疵，让感觉的哲学活过来，让我们直接走向自在之物。”

虽然康德在文中没有提“施洛瑟”的名字，但因引用了他书里的句子，使得施洛瑟认为自己遭到了攻击，因而于1797年发表《写给将要研读批判哲学的年轻人的信》予以响应，认为康德作为基督教的摧毁者而败坏了许多人的人生。他甚至主张不应保留康德的职位，并鼓励柏林的保守势力采取进一步的行动。而康德以“宣告关于哲学中的永久和平的论集即将完成”来响应这一攻击。他说像施洛瑟这样的人，一心想要脱离执法机关的束缚，却又不愿完全成为闲人，因而误入了形而上学的战场，而在这里的考验远比刚离开的地方严酷。由于施洛瑟不知道也不可能知道自己在说什么，因此施洛瑟对批判哲学的批评是建立在错误思考上的，他要不然就是能力不够，要不然就是说谎造作。康德最后作结论说，如果每个处理哲学问题的人都能对自己也对别人诚实，那么哲学的和平便可以企求。

康德与施洛瑟关于宗教及宗教与哲学关系的论争，尽管康德尽量避免涉足宗教领域，因为他曾承诺不公开讨论宗教问题，不过康德还是揭露了这位“感觉哲学家”神秘主义信仰的弱点，且希望柏林方面能明白他对施洛瑟及“高贵”的神秘主义哲学的批评能起到对腓特烈·威廉二世及其僚属玫瑰十字会神秘主义批评的效果。

《道德形而上学》：道德与法律

由于康德以前的两部《形而上学基础》著作基本一体，因此 1797 年合集重新出版，题为《道德形而上学》。在 1798 年印行的第二版中，康德新增了一个附录，以回应 1797 年《哥廷根学术报》一篇书评提出的反对意见。康德以这本书兑现了早在 1767 年就已计划提出关于人类义务“完整体系”的承诺，其范围比原计划大得多，其不只阐释了伦理义务，还提出了法哲学的观念。然而，与《道德形而上学基础》及“第二批判”相比，《道德形而上学》是令人失望的，因它没有早期两部作品创新性的革命性力量，读起来就像旧讲课笔记的结集。也许是由于康德的衰老，书里有许多内容含糊不清，有些段落甚至有误。康德没有把他的论证进行条分缕析，更没有推敲琢磨。但这并不表示作品不重要，因其观念源于康德壮年时期的想法，对于理解其道德哲学和政治哲学非常重要。

首先，康德认为，理性行为者采用的法则是以正义义务与德行义务，即法律义务与伦理义务为基础的，两者都与“立法”有关，只是其类型不同，其区别是政治的和个人的。因此《法学的形而上学基础知识》以正义义务为基础，《德行学的形而上学基础知识》则以德行义务为基础。法律立法以外在的方式规定什么是被要求的，什么是被许可的。而伦理立法是“内在的立法”。由于这两种立法都由理性存在者以自由选择的方式去实现，于是康德把自由也分成两种，即外在自由与内在自由。法律法则是外在自由的法律，道德法则是内在自由的法律。相对而言，道德法则更加重要，因它由定言命令所规范，即“自律”。而法律义务则是他人强制的实践行为，因此只是间接的伦理义务。法律法则和义务关系到他人的权利，即我们应该做他人对我们合理要求的事，我们不是基于道德动机去实践它。外在自由表示其他行为者外来的强迫，是受限于他人的合法利益。

然而，并非所有外在法律都具有同等的合理地位，因有些法律是人为的，如国家或政治体为维护自身利益所规定的法律。只有“规范性的自然法”，即可以由定言命令推论得出来的法律，才算真正的法律。据此，康德提出如下“权利的普遍原则”：“一个行为是合法的，如果该行为根据一个普遍法则而可以和每个人的自由并存，或是如果行为的准则可以使得一个人的选择自由，根据一个普遍法则而可以和每个人的自由并存。”这个法则并没有提供行为的动机，而是旨在提醒我们自由行为的界限。

康德把法律义务或权利责任分为两部分，即私人自然权利与公共民事权利。据此《法学的形而上学基础知识》讨论的大部分是私人自然权利。第一章讨论了“外在物如何为我所有”，第二章是“外在物如何取得”，第三章是“主观地根据法庭裁判而取得”。

在第一章里，康德阐释了“所有权”的法律概念，对罗马法核心概念的“实质占有”和普通法“合法所有权”的差异进行了界定。我可以实质地占有一个标的物，但却没有它的所有权；我们可以拥有某物的所有权，但却没有实质占有它。例如，我把钱借给你，那么你便占有它的使用权，但我还是它的所有人。但是我们拥有某物，可能是合法的，也可能是非法的。如果借钱不还，你虽然占有它，但你对它却没有所有权。只有所有权人才有权拥有它，且只有所有权人才可以转让或放弃这个权利。那么，所有权是怎么来的？即使所有权成为可能的条件是什么？康德的回答是：“实践理性的公设。”所有权不能化约为实质占有，而应建基于道德法则。所有权不是道德法则的直接推论，它跟上帝存在或灵魂不朽一样，是个理性推理公设。我们必须预设，除经验性的实质占有外，还有“理智的占有”。“理智的占有”的理念是康德对外在所有权成立条件的终极解释，但该解释只证明在自然状态下私有权利成立的可能性，并不能证明实践的可能性，所有权无法直接证明。为解释后者，必须说明市民社会的必然性。所有权的存在早于政府，政府出现后，所有权可以得到政府的保障也可能得到政府的剥夺。只有在法治国家或由公法统辖的政府体制下，外在所有权才真正可能得到保障。

在阐释了所有权何以可能后，康德接下来解释我们如何才能拥有某物。首先，他在讨论“物权”的基础上讨论了“契约权”，然后，讨论了如何以“类似物的方式”得到对另一个人的权利。康德认为，婚姻关系、父母身份与仆人身份，“一个男人得到了一个女人，一对夫妇得到了子女，一个家庭得到了仆人”，这些关系的“取得”并非理所当然，当一个男人得到了妻室或“一个女人得到一个丈夫”，他或她并没有成为其对象的所有权人，而是“占有”了对象。在婚姻当中，丈夫与妻子互相占有对方，在特殊情况下，甚至只是占有对方的性器官，目的在于“享乐”，而不在于繁衍后代。由于双方都赋予了对方占有自己的权利，因此不存在一方对另一方构成的伤害。由于夫妻双方有责任把对方视为有道德目的的存在者，因此夫妻两人基本上都是自由的，因为不可能把对方视为“物”，但婚姻以外的性关系，就不可能不把对方仅仅看作是“物”了。同样，父母亲对子女以“类似物的方式”占有他们，而子女对父母亲则没有任何责任，因他们只有被对待的权利，因此他们是自由的。相反，仆人是因契约关系而成为家庭一员的，可以被使用，但不可以被耗费，他们与孩子类似。这些论点以今天的标准来看有些不合时宜，然而从 18 世纪普鲁士的背景来看，却相当“前卫”。尽管女人的角色还仅限于管家，但女人不再从属于男人，男女之间有了互相的承认，女人的角色不再被限定为传宗接代。

在“论类似物权的人身权”之后，康德从自然状态的私法过渡到市民社会的公法，讨论了法院裁判“取得”问题，如赠予契约、借贷契约、损害赔偿、宣誓保证，及“由自然状态的占有过渡到合法状态的所有”等。

《法学的形而上学基础知识》第二部分，处理的是公法，包括：第一章“国家法”，第二章“国际法”，第三章“世界公民权”。这一部分属今天的政治哲学范围，与霍布斯、洛克传统紧密结合。在此，康德力图证明，自然状态的克服绝非是恣意的。在自然状态中，康德以道德理性高于人类学自私本能进行立论。康德认为“合法政府源于自由个人的原始契约”，因此政府可以经由法治国家用和平取代战争，因为法治国家有两个特性：(1) 政府必须依据普遍法则去统治，“立法权只能来自于人民的共同意志”，即“普遍意志”的“原始契约”；(2) 由政府规定和人民意志联系在一起的法律。据此，康德否定了贵族特权，但他不认为每个人都应享有投票权，因为“接受他者的安排（国家除外）”而“无法自力营生的人（被扶养和被保护）”不具有“公民人格”。因此，女人、未成年人与仆人必须排除在普选权之外。

康德法学理论最有争议的部分是认为公民没有权利反抗不义政府。虽然康德认为人民拥有“不可剥夺的自由”，但不认为人民有“积极抵抗”的权利，而只有“消极抵抗”的权利，而消极抵抗的权利也属于议会代表而非个人公民，因为人民的非理性可能把革命变成一种恐惧性和破坏性的力量。

在国际政治层面，康德基于公法的理性原则，倡导“强者的法律”应该由“地球所有民族的和平共同体……的理性理念”加以取代，以便可以用“国家联盟”的方式克服国家间的战争状态。他认为那不仅是个理想，康德主张“不应透过武力，而是应透过契约去进行”欧洲海外新发现殖民地的博爱统治。

《德行学的形而上学基础知识》有两个主要的部分：伦理学元素论，

德行方法论。

德行方法论是康德通过“伦理禁欲主义”推行伦理教育。康德的伦理学禁欲主义，源自古代的德行训练，如斯多葛学派和伊壁鸠鲁学派，康德认为德行的维持必须经由练习。由此，康德认为，伦理教育不应只由教师宣说的灌输式教育，也不应是学生与教师互相回答的对话式教育，而应是由教师问学生答的诘问教育方式，只有在学生不知如何回答时才由教师提示。康德坚持认为，道德义务教导必须先于宗教教义的讲授。

伦理学元素论以对自己的义务与对他人的义务的划分作为讨论基础。康德主张，我们必须以正确的动机去做事，即追求“神圣”，同时我们也必须履践自己的义务，这些义务当中，某些是“完全的”，其规定是我们必须应该做的；某些是“不完全的”，我们可以决定应该做到什么程度。自我改善就是追求完美，其责任有两种，其一是追求“自然的完美”，其二是追求“道德完美”。但是，由于人的内心深不可测，人不容易对自己有清楚的认识，因此有必要区分人践行自己义务的诱因，是来自对理性法则的想象，还是为利益牵引思维感性动机……以免其可能成为恶的助力……在客观理念里，德行只是一种作为准则的道德力量，但在主观现象里，德行却千千万万……因此我们在自我认识之中应反思自己，我们的德行是否完美，是否有缺陷。

其实，康德呈现在世人面前的哲学体系是德行学说，其核心概念是道德品格，其目标是建立以德行为基础的伦理学。康德认为，真正的德行根据理性的先天道德形式法则而得到“德行学的基本原理”，即人类履行义务的理性定言命令的义务观念，其崇高的价值只能从其所克服的人的自私本能障碍显示出来。由于为准则带来障碍的是个人自己的本能癖好，所以德行是根据内在道德理性原理进行的“自制”。

《法学的形而上学基础知识》的最后这几句结语，以“作为对于上帝的义务的理论的宗教，不受纯粹道德哲学的限制”为题。虽然康德在多年前曾经承诺在未来的著作中不再碰触宗教的问题，但他在这里重拾了《仅论理性界限内的宗教》的主题，他表示，虽然我们可以把宗教解释为“作为上帝的诫命的……所有义务的总体”，不过“宗教的义务并不完全是……对上帝的义务”，宗教在道德问题上并没有发言权，因为：只有人与人之间的道德关系才是可以理解的，因此先天的纯粹道德理性才是伦理学内在立法的哲学根据。而上帝与人的关系如何……对人而言是不可知的；因此伦理学不应超出人与人的义务关系界限。

康德“论所谓以博爱为理由而说谎的权利”也在1797年问世，其是对那年稍早时贡斯当发表文章批评康德的回应。贡斯当认为，“说实话的义务的道德原则，如果只是独立且无有条件的原则，那么会使所有社会都不可能存在”，因为所有义务都以另一个人的权利为前提基础，因此，如果某人没有听实话的权利，而且没人有权说伤害别人的实话。但康德认为，谎言永远构成伤害，即使不针对个人，但会伤害到人类全体，因此“始终诚实不欺，是个神圣且无条件的理性诫命，没有任何妥协的余地。”说实话的人不必对它的后果负责。

康德再度强调了斯多葛式的行为理论；有些事物是我们可以掌控的，有些事物不受我们的支配。我们可以掌控的包括我们的意见、实践、欲望和厌憎……不受我们掌控的有我们的身体、财产、声望、外在的地位……我们能掌握的，本质上是自由的、没有阻碍的；不受我们掌握的是……受奴役的、被阻碍的、不属于我们的。伦理学关切的是我们能力范围内我们能掌握的事物，即我们的行为。而贡斯当却相信伦理学必须考虑我们不能掌握的事物，即行为的结果。其实，我们只能对行为本身负责，而无法替行为后果负责。贡斯当不了解“损害”和“过犯”的差别，我们永远无法完全避免“损害”，而我们无论如何要避免“过犯”。

康德打算发表《旧问重提：人类不断在进步吗?》，他在1797年10月23日寄给《柏林月刊》，但却被审查部门打了回票。后来康德把它收录在了《学科的争论》里。

《学科的争论》：完成未完成的宗教论点

1797 年 11 月 10 日，腓特烈·威廉二世逝世，腓特烈·威廉三世继位。腓特烈·威廉二世一生都活在腓特烈大帝的阴影下，他相信玫瑰十字会的正确并为之而战。就道德而言，腓特烈·威廉三世与其父没有相似之处，倒比较接近他的祖父腓特烈·威廉一世，然而他却没有其同样的远见与决断力，因此他 43 年的统治没有留下什么政绩。为此他的部长冯·施泰因抱怨普鲁士是被一个“迟钝、平庸而且毫无热情的人”所统治。然而从康德的角度来看，这却是一件好事。

新国王的新政之一便是裁撤了沃尔纳的“宗教审查委员会”，沃尔纳也在 1798 年初受到严重处分，3 月 11 日又遭到了解职而失去了退休金。尽管宗教敕令“并没有被公告撤销，却悄悄地在被遗忘”，康德没有浪费时间，结集在不同时期完成的三篇文章在 1798 年秋出版了《学科的争论》。

在导论里，康德收录了腓特烈·威廉二世于 1794 年寄来的申诫文和他自己的回信，并对整个事件作了进一步的评论，声言现在我们有了一个“解除人民的精神枷锁”符合启蒙精神的政府，“乱象已经得到控制”，“信仰日日被推向远离理性的境地”。

第一篇讨论了哲学系与神学系的关系，写作背景是他和柏林审查部门的冲突。

第二篇为“哲学系与法律系的争论”，重述了人类是否在继续进步的“旧”问题，即 1793 年“论谚语：理论正确，实践无方”第三部分提过的问题，探讨门德尔松驳斥历史进步论。在新作里，康德矛头指向“我们的政治家”及柏林阻挠启蒙思想的“教会人士”，讽刺政治家和教会的预言和古代犹太先知“一样准确”，因为他们所作的是可以自我实现的预言，他们是在预言他们自己正在创造的事情。如果说人民没有信仰、道德败坏，“冥顽不灵，有作乱的倾向”，那是因为政府与教会把他们变成了这样。虽然康德也承认道德进步无法从经验去证明，但还是认为“在人类当中，必然曾经出现过可以在其中看出进步的原因的经验”。而进步不可能是“由下而上，而应该是风行草偃的”。教育可以比革命带来更多的希望，而担负教育责任的是哲学家，而不是政治人物或神职人员。

第三篇“论心灵以决心克服病态感觉的力量”，是“哲学系与医学系的争论”，以写信给胡费兰的方式讨论《论延年益寿的艺术》。康德同意胡费兰的看法，我们必须以道德去对待人的生理元素，养成健康的生活方式，“预防胜于治疗”。健康的生活方式不是为过着安逸的生活而过度纵容自己，以致最后毁了自己。较好的做法是斯多葛式的“忍耐与克制”，它“不只是一个重要的德行理论……也是养生术”，疑病症或病态的意志消沉都可以借此予以克服。康德认为“对于没有病痛的人来说，温暖、睡眠与过度的照料”都是违反斯多葛学派的一般原理的纵容。

在书末，康德加了一篇附录“论宗教里的一个纯粹神秘主义”，其内容是维尔曼斯寄给康德的短笺，还附上他的博士论文《论纯粹神秘论与康德宗教理论的相似之处》（1797）。

《实用观点下的人类学》：人是什么

康德整理从1772—1797年讲课教程，同样在1798年出版，名为《实用观点下的人类学》。（引文主要采用邓晓芒译的《实用人类学》，上海人民出版社2002年版）康德认为，真正的道德哲学应该仅仅以纯粹的道德原则为对象，而“排除经验性的、因而属于人类学的元素”，因为在“伦理学里，经验性的部分应称为实践人类学，理性的部分才是真正的伦理学”，道德的形而上学与“自然”的形而上学一样，“必须仔细排除一切经验性的元素，如此我们才能明白在两者之中纯粹理性本身的作用，而其先天学说源自何处。”

康德的《实用观点下的人类学》与我们现在的人类学讨论不同，它试图回答“人是什么”这一哲学问题。为此，康德在第一部分中广泛涉猎了经验心理学，其占了全书75%的篇幅。其中，第一卷提出对人类认识能力的看法，第二卷关于愉快或不愉快的感情，第三卷讨论欲望能力。三卷内容虽然分别对应着他的三大批判，但呈现顺序却大不相同。《判断力批判》讨论的主题被放在了中间并不是偶然的，因为其作为连接环节，标明其哲学体系最重要的目的是放在最后面的道德哲学和政治哲学。

第二部分处理的是：（1）个人的特性；（2）性别的特性；（3）民族的特性；（4）种族的特性；（5）种类的特性。其实，这部分只是第一部分最后一卷的延伸，重申了康德80年代末期和90年代历史和政治论文捍卫的论点。康德说他的要旨在于：要求人类不是表现为恶，而是表现为一个从恶不断进步到善，在阻力之下奋力向上的理性生物的类。于是，人类的普遍意志是善的，但其实现却困难重重，因为目的的达到不是由“单个人”的自由协调，而只有通过存在于世界主义地结合起来的类的系统之中、并走向这个系统的世界公民的进步组织，才能够有希望。

康德的《实用观点下的人类学》是“以实用的观点”建构的人类学，因为它不仅探讨“自然使人类成为什么”，更重要的是让我们了解人作为自由实践的存在者“可以使自己成为什么”或“应该使自己成为什么”。因此，人类学只有在包含对于人类作为“世界公民”的认识时，才能算是“实用”的。

虽然康德对人种的讨论大部分怪异荒诞，许多内容也已过时甚至根本就是错误的，尽管浪漫主义者如施莱尔马赫认为它没有任何价值。然而它确实为我们提供了理解其美学、伦理学和政治学观点的经验性背景。这从他《实用观点下的人类学》卷末关于腓特烈大帝和祖尔策的轶事里就可以证实。腓特烈曾问祖尔策对于人类一般品格的看法，祖尔策答道：“自从人们接受了卢梭的人性本善的原则之后，情形有了改善。”国王说：“我亲爱的祖尔策，您根本不了解这个包括我们在内的该死的种族！”康德不认同腓特烈的想法，认为人性并不全然是恶的，他最后几年的著作大都在重申这个看法。

《实用观点下的人类学》出版后，在康德有生之年还陆续出版了一些和他相关的著作，如雅施的《逻辑学》（1800）、林克的《自然地理学》（1802）与《教育学》（1803）。这些著作都没有受到重视。因为它们是根据不同时期康德的讲演笔记编纂拼凑而成，康德因自己无法完成编辑工作而把这些稿件交给他人处理。

遗稿

康德"唯一保存下来的手稿"，作为最后一部未完成的作品被称为《遗稿》。康德写作该书的计划早在《判断力批判》完成不久便已开始，但直到1796年停止教学后才开始动笔。1798年后，尽管康德的思想"几乎已经麻痹"，但康德相信，该书对于其"批判体系的完成"是不可或缺的，但直到他搁笔时，也无法确定其最后的标题。他曾给它定过许多名字，如"从形而上学到物理学"、"从自然形而上学的形而上学基础到物理学"、"从自然形而上学到物理学"或"从物体的形而上学到物理学"，他曾认为"观念体系里的先验哲学的最高观点"的书名最为合适。这些不同的标题透露了康德想达到的不同目标，也显示了康德尚未决定这本书将包括哪些要点及其在他思想体系里的定位。而瓦希安斯基却认为，康德对于书名的游移态度，表明康德还没有拟好目标，并使他剩余的精力更早地耗尽了。康德的同事哈塞表示，康德曾宣称那一叠手稿是"他最重要的作品……是完成其体系的最后一环"。克劳斯写信告诉舍弗纳说："我可怜的脑袋好像已经报废了……与康德在写那本最后要了他的命的书的时候情形类似：没有任何意义。"

但不管怎样，由于康德"重复处理和构想同一个主题十遍、二十遍，几乎每次都加上一大堆旁注和预想……使得我们必须完全略过这些枝节，才可能掌握其主要思想”，因此仅凭一把剪刀来编辑这部作品是不可能的。为此，当手稿在学院版全集里付印后，厚达1300页。有人认为，“如果里面的片段全部整理出来，再依序排列的话”，只需现存材料的五分之一大概260页，就足以了解康德的构想。弗尔斯特和罗森的英译选集逼近了这个标准，而且《遗稿》的核心部分，让我们大致看清了康德最后一部作品想要完成的目标，即意在找出物理学家建立系统性自然科学体系必需的先天原理——自然科学的形而上学本质，这个原理比他在第一批判中的“原理分析论”更加具体，也比《自然科学的形而上学基础》指出的原理更加明确。

从1796年开始，康德确实殚精竭虑地想填补“自然的形而上学基础”和“物理学”间的缝隙。1799年，康德用以太假设作为先天原理来解答世界体系。他假定一种遍布整个宇宙同样渗透所有物体“以太”或“热质”的存在，作为实体化空间和原初物质的以太，永恒不变静止不动，但可以穿透一切、推动一切，它是宇宙最原始的致动因。照理说，终生持经验主义立场的康德不应该对宇宙进行这种超验主义的“解答”，因以太作为超越人的感知经验的本体，因此以太“假设”与他的批判哲学是“矛盾的”。其实，康德知道自己“这样的推论似乎既不一致也不可能”，但康德还是认为，我们可以通过“意识到自己的活动”的力量来推论“原初动力的观念……必须先天地存在于我们在运动时意识到的心灵活动中”。

康德突破经验论的根据是什么呢？显然，康德受到了当时物理学与化学的影响。珀尔施克说：康德晚年“阅读的最后几本书”是物理学作品，而物理学特别是拉瓦锡的新发现已取代其早年坚持的机械论观点，因此这些新发现“使他内心扰动不已”。因此弗里德曼的评价说：“在康德由形而上学过渡到物理学的构想中透露了对于经验科学的发展的乐观期待，绝大部分是因为意识到物理化学的新思维。”

因此接下来，康德一反过去对费希特的敌视，开始引用费希特发明的语汇。尽管他在《遗稿》里不曾提过费希特的名字，但他使用“自我定立”、“主体建构自身为主体”等概念来论证自己的观点，明显带有费希特风格。因此康德说，我们可以意识到推动，因为我们可以意识到被推动，我们可以意识到他物，因为我们可以意识到自己。就是说：“作为知识学的哲学”，知性从自我意识开始，主体直观可以把内在逻辑演绎能力和外在对象辩证地结合到一起而推演出表象之外的客观存在。

由于康德哲学的二元论困境，在康德对费希特由批评到认同的转变影响下，德国哲学乃至整个欧洲哲学都开始试图“走出”他的“批判哲学”。于是，1799 年 8 月 7 日，康德发表了最后一篇独立完成的文章《关于费希特知识学的公开宣言》中，向哲学界公开表明：近期哲学的发展与他的批判哲学无关，因“费希特的知识学是个站不住脚的体系”，因此他“反对费希特所定义的形而上学”。他呼吁哲学家们不要“走出”他的批判哲学，因为纯粹的知识学仅是个逻辑，其逻辑原理不可能为我们带来认识的材料……因此，我在此再次声明，我的“三大批判”必须逐字去了解。

但人们对他已不再有所期待，许多人认为，“康德时代”已经过去。此时，生命的规律已无法让康德在意别人的看法。

衰老和死亡：“您必须把我看作小孩子”

从 1799 年开始，康德的身心状态开始恶化。舍弗纳（scheffner）认为，在康德死前的几年当中，天才人物的特质已经离他而去。康德自己也告诉朋友说：“我已经老了，而且很衰弱，您必须把我看作一个小孩子。”去世前，康德说：“他将心安理得地离开人世，从未意图做过不公正的事。”

从 1798 年开始，康德就已经很少接受晚宴邀请，散步时间也明显缩短。1799 年，由于比康德小 11 岁的弟弟去世，康德开始思考“面对死亡”。在康德生命的最后几年中，他一再向朋友表示，他在每晚就寝时，都希望那是最后一晚。瓦西安斯基说：早在 1799 年，康德的衰弱还不是那么容易看出来的时候，他……对我说：“先生们，我已经老了，而且很衰弱，您必须把我看作是一个小孩子。”康德自己也曾公开说：先生们，我不怕死，将会知道怎么面对死亡。我在上帝的面前向你们保证：如果我在今天晚上感觉到我将离开人世，那我会举起我的手，在胸前合掌说：“赞美主!”然而，如果有个恶魔在我背后耳语说：“你让人类变得不快乐!”那么情形便完全不同了。

生命的规律改变了康德的生活秩序，虽然他还在早上五点起床，但就寝时间却提早了，散步时也不能走得很远。由于没有体力，作为理论家，他发明了一种特别的走路方式，让脚笔直着地顿足而行，因为他相信以脚掌平贴地面走路，可加大反作用力而让他失足跌倒，但是他最终还是经常跌倒。一次一个陌生女子把他扶起来，他把拿在手里的一朵玫瑰送给了她。后来，康德不再散步了。

后来，康德开始出现短期记忆丧失，他开始忘记日常琐事，由于康德已经不能辨认小铜币，他连小额金钱往来都没办法处理，因此他被占了几次便宜。瓦西安斯基必须仔细为他打点，才能让他的生活细节得到安顿。但是，康德长期记忆还维持得不错，因此像其他老人一样，康德开始活在自己的过去里，一天重复讲同一个故事好几遍，但他可以警觉到自己在说重复的话。

由于康德知道自己老是忘事，因此他养成了记事的习惯。此时拜访他的雅赫曼写道：他已经开始使用便条纸记录来访者的名字。他在便条纸上记下别人告诉他的或自己想到的每一件小事。1800 年，康德的记忆力已坏到记不起几个小时之前做过及几个小时之内必须办的事。林克写道：“他已经没有回信的能力。”雅赫曼说：“他要记下我的职称十分困难，我只好逐字说给他听，让他写下。康德在便条纸上记载的内容五花八门，已经看不出康德从前的锐利。瓦西安斯基还抄了下述这些简短而破碎的句子作为例子：僧侣与俗众，前者是修士，后者是俗世。关于我从前对学生的训诫：应完全避免打喷嚏与咳嗽。脚印这个词是错的……氮是硝酸盐的元素，可氧化。安哥拉的羊甚至是猪都会长的冬毛，在克什米尔的高山上梳理，在印度能卖很多钱……女人与玫瑰花苞的类似之处……”

为此，哈塞根据这样的材料写了《康德的最后话语》，让康德的衰弱暴露在世人面前。甚至真心喜欢康德的瓦西安斯基也在出售这样的故事，他们通过分析文字的拼法、字源和意义，来显示康德正在失去语言能力。瓦西安斯基说，他甚至忘记该怎么称呼“卧室”，因此不得不用其他方式暗示以便让别人知道他的意思，那时只有跟他很熟的人才能明白他的意思。后来，一连串轻度的中风渐渐消退了他的辨别能力。为此，瓦西安斯基为康德做了一些小笔记本用来代替他随时带在身上的便条。康德开始编造奇怪的理论，他使用的材料不是错误的，就是遭到扭曲的。如巴塞尔突然有许多猫暴毙，于是康德就认为那跟电有关，因为猫是“带电”的动物，他甚至认为自己头部的压力也跟电有关。如果有人早夭，他则认为：“这个人大概喝了啤酒。”因为他认为啤酒是慢性毒药。因此如果有人生病，他就问：“他每天晚上喝啤酒吗？”据此，瓦西安斯基下结论说：“康德这个大思想家已经不再思想了。”

马瑟比是那几年唯一拜访康德的人，但后来他得重病死于1801年。雅赫曼必须每天向康德报告两次马瑟比的情况及医师的诊断结果，当听到马瑟比死讯时，康德说：“难道我必须眼睁睁看着每个朋友在我之前走进坟墓吗？”马瑟比死后，康德极少离开自己的房子。尽管他仍旧能躺在床上看书，但已几乎不能吸收。1801年8月，一个朋友曾在信里提到，康德“只有在某些片刻里有能力写下他在哲学上的想法”。由于他经常在椅子上睡着而滑下来跌落在地上，而又没办法靠自己站起来，因此瓦西安斯基给他弄了一只有扶手的椅子以防止他跌落。一次，康德的睡帽着火烧了起来，尽管康德用脚把火踩熄了，但瓦西安斯基在他的床头摆了一瓶水，且改变了他睡帽的设计，并教康德在读书时离烛火远一点。由于瓦西安斯基每天要照料康德数次，以至于朋友们开始怜悯起康德与瓦西安斯基。

1801 年 11 月，康德把自己的财产委托给瓦西安斯基办理，并赠送给他一枚镂有自己肖像的纪念币，且开具了馈赠证明。这枚纪念币是康德解释犹太法典《塔木德》一段困难文字而获得的特殊馈赠。瓦西安斯基管理的康德财产共约 2 万塔勒，与希佩尔的 14 万差距不小，不过和哥尼斯堡大学一般教授的积蓄相比还是高出许多，因为康德把钱看得很重，且作了精明的投资。1801 年 11 月 14 日，康德辞去大学评议会职位，但并没有亲自写信，而只是在上面签了名。

康德的家也开始起了变化，仆人兰珀开始利用主人的“病弱”，放着工作不做，常喝醉且显露出“残暴”的一面，经常与康德发生口角，并为自己争取到了不成比例的好处。对此，瓦西安斯基对兰珀进行了谈话，兰珀承诺会有所改善，但结果却是变本加厉。1802 年 1 月，康德对瓦西安斯基说：“兰珀对我如此恶劣，以至于我都不好意思告诉您发生了什么事。”于是，瓦西安斯基想办法让这个跟随康德 40 年的仆人在当月就离职了，并得到了一笔每年支付的退休金，条件是他与他的亲人不得再骚扰康德。康德聘了新仆人后，还继续叫他“兰珀”。为了提醒自己，他在笔记本中写下了：“兰珀这个人必须彻底忘记。”

康德本来就很瘦小，在生命的最后几年中，他又瘦了许多。他的肌肉不断萎缩，吃饭时曾说自己的“肌肉已经到达最低的极限”。狭窄的骨盆让他难以坐稳，但“坐着”几乎又是他唯一可做的事情。1801 年他还以没有“显赫”的臀部而自嘲，但到 1802 年，肌肉的萎缩已开始让他寸步难行。1802 年冬天，康德的身体更加恶化，吃过饭后，肚子会出现一个几公分长摸起来硬硬的凸起。为减轻它造成的压力，他必须放松衣带。1803 年春，瓦西安斯基认为有必要让康德到室外走走，但他已无法自己走路，因此让人把他扶到庭院去。但他在室外觉得“像在一个荒岛上一样”不舒服。但一段时间后，他渐渐对室外感到习惯。他的牙齿已经掉光，大小便困难，嗅觉与味觉也在消失。

种种困难让生命成了越来越沉重的负担，冬天，康德不时抱怨活着辛苦，希望能早日死去，他说自己“对这个世界已经没有任何用处，也不知道应该如何处理自己”。康德的状况已经不能进行任何外交，因此外地的访客被建议最好不要去访问康德，因这样的场合不仅不便，而且也已经不再让他感到喜悦。当时，他活在世上仅存的乐趣之一便是观察一只小山雀：每到春天飞到他的庭院唱歌。有一年，这只鸟来得晚了些，他就说“亚平宁山应该还很冷”，并祝福它在归途有好天气。1803 年，这只鸟没有再回来。康德沮丧地对人抱怨：“我的小鸟不来了”。1803 年 4 月 24 日，康德在小记事本中写下：根据“圣经的说法，人的一生有 70 年，最多 80 年。如果它甜美的话，那是因为工作与辛劳”。1803 年康德的娱乐之一是聆听卫兵换哨时的进行曲。当卫兵行进经过他房子时，他就把每道门都打开，以便听清他们的进行曲。

有两次，有人曾企图抢劫康德，因他家面向马路的门是开着的。康德描述说，有个衣着光鲜的女子闯入他家意图劫财，却被他表面上的机灵吓了一跳，于是便佯装要向康德问时间，康德取出表告诉了她时间。她离开后旋即又回来了，要康德把表交给她，并嘲弄说以便让她能“告诉”康德正确的时间。结果康德大发脾气，把她吓跑了。瓦西安斯基说，康德自豪地向他说明事情的经过，并表示必要的话，他会用双手自卫。瓦西安斯基开玩笑地说：“依我看，赢的人应该会是她才对，而康德将是活到这么老第一次被女人打败。”另一个深知康德“弱点”的女人，则试图诈骗他的钱。她告诉瓦西安斯基，她的丈夫曾借给康德一打银汤匙与几只金戒指，而如今她愿意接受现金。当瓦西安斯基威胁要报警时，她改口说她是想要乞讨。

入秋后，康德的衰弱明显加速。瓦西安斯基在“得到康德同意以后”，请来了康德的妹妹。这个长期接受康德援助的妹妹“和康德长得很像，而且品格一样的和蔼可亲”。她小康德 6 岁，由于不喜欢变动，长期过着独居的生活，但身体健康，“有精神，有活力”。她刚搬来时，康德的心智已恍惚得不知自己是谁。由于她还具有必要的“耐心、温暖和细心”，因此她以“妹妹的温柔”给了康德很好的照顾。她习惯坐在康德的“后面”，时间长了，康德也习惯了她在后面的支持。她前后在康德的家里住了6个月。雅赫曼1803年8月来看康德，但康德已不认得他了，完全不记得几年来两人有关的事情。当雅赫曼问及他身体状况时，康德毫无保留，但他却没有办法把介绍性的短句讲完。于是，坐在他后面，并对同样对话已经相当熟悉的老妹妹，替他说出没有说出的字，然后康德跟着她把句子补好。当雅赫曼要离去时，康德请求他告诉自己的妹妹，他是什么人，以便她可以稍后介绍给他听。妹妹的细心照顾，使得哈塞提起康德因为妹妹的“没有文化”曾向朋友们“道歉”，为此梅茨格指责康德有道德的瑕疵，因为他还曾不让妹妹同桌吃饭，还恶意中伤。

1803年10月8日，康德的身体状态出现生命危险的症状。据瓦西安斯基说，那是康德节食的结果，在生命的最后几年中，他因不喜欢传统菜肴而贪吃撒上英国干乳酪粉的奶油面包，而那种食物对他的健康有害。10月7日，他就不顾瓦西安斯基的反对吃得太多。瓦西安斯基说，从前他习惯赞成且接受我的建议，这是第一次例外，他发疯似的坚持要满足自己莫名的胃口。我也第一次看到他对我的不满，向我表示我已逾越了他给予我的分寸。他坚持这种食物没有害过他，将来也不会有害于他。在我用尽一切办法改变他的主意之后，他只好让步，保持缄默。第二天早上九点，在妹妹搀扶着散步时，康德突然昏倒在地。他被抬到有暖气的书房，医生不久也来了，康德发出了声音但没办法清楚吐字。虽然诊断结果是中风，而不是消化不良，但瓦西安斯基还是决定以后不可以再给他乳酪，因为，瓦西安斯基认为康德的间接“病因”还是乳酪。也可能是自己喜欢食物遭到禁止的刺激造成了康德血压的升高，进而引起了中风。事实真相无法确定，但瓦西安斯基觉得自己有责任。舍弗纳10月27日写信告诉朋友说：“康德现在几乎已经完全没有灵魂，但他还活着。经常他连家中的人也不认得。”他在3月还曾表示“康德已经没有办法连贯地说出三个字……他似乎已经完全失去了理性的气息”。

这场病后，康德又继续宴请客人，但“再也不曾回到从前的快乐”，因多数朋友出现在他餐桌前多半是出于义务不再是因为感到受用，因此他总是让餐饮草草结束。哈塞之辈更像在看好戏，而许多热心的外地访客是自愿帮助康德消磨时光。罗伊施作为 1803 年康德受邀的常客，他观察到，康德虽然像往常一样闲聊，但声音很小，不清楚且不连贯，常因失眠或腹胀而像在做白日梦一般。他希望有人讲话，但如果两个客人自顾交谈，他便会不高兴，因为长久以来，他已习惯以自我为中心进行引导和谈话。由于听力不济，他经常是在独白，已无法正常交谈，谈话的内容大多是食物的好坏和关于自己病情微弱的回忆。当他的老朋友把话题带到从前的时光，他对此的记忆还算完好。他还可以抑扬顿挫地念出他那时最喜欢的诗句：“规则依旧，毋需求婚，但这高尚的一对是何等的例外！”而且康德还特别突出了“高尚”两字……康德通常谈话半个小时后就会疲惫不堪，当他被带到卧房里，客人们则心情沉重地离开……梅茨格认为，康德“对自己的状况和逐渐消失的气力过于焦虑”，且“在生命的最后几年当中，令人可笑地娱乐自己的朋友”，这是其“自我中心主义或怪癖的绝笔”。

尽管康德早早上床，但却只能醒着度过漫长的夜晚，或被梦魇折磨，整个晚上都需有人看护。到 12 月，康德已无法写自己的名字，也不能拿起汤匙，难以用言语与别人沟通，他已不认得任何人。瓦西安斯基觉得，康德现在就像一棵植物，他坐在椅子上，像睡着一样度过每天的时光。一个来自柏林的访客获准与康德见面，他说只是看到康德的躯壳，不是康德自己。雅赫曼曾在 1803 年底或 1804 年初看他后描述说：他“由仆人牵着在房间里不安地走动，没有目标。他只是朦胧地意识到我的存在，不断地问我他眼前这些看不清楚的‘原因’是什么。我到现在还是不明白他所说的‘原因’是什么意思；但是在他碰到我些许冰凉的手时，他大叫起来，说他不了解这些冰凉的原因。”

1804 年初，康德几乎已无法进食，因为“什么样的食物他都觉得太硬，而且没有味道。餐桌前，他只喃喃自语。”虽然在片刻又可以表达自己的意思，不过那是少有的情形。一次，他突然从半昏睡状态醒来，向医师保证说："我还没有完全失去人文关怀。"2月11日，他吐出了生命中的最后几个字："谢谢瓦西安斯基给他加水的酒，这很好"。后来，不少人还用这几个字作了文章。

康德死于1804年2月12日上午11点，离他80岁生日不到两个月。雅赫曼写道，他死去时，"极为宁静，没有任何痉挛，没有任何抵抗的征兆，看来似乎颇为乐意……"瓦西安斯基说："机器运转不顺，渐渐的，最后一个机件也停摆了。他的死是生命的终止，不是残忍的自然来把他带走。"人们描述说："伟大的康德像一个小人物一般地离开了人世，但他的死是如此温柔与安详，陪他走完人生最后一段路的人，只见他的呼吸缓缓停了下来"，他的尸体干瘪得看起来"像一副展览用的骨架"。康德去世后第二天，《普鲁士皇家政府、战争与和平报》夹在其他消息间刊登了一则按语：伊曼纽尔·康德死于器官衰竭，享年八十岁。

大约60天后，康德的遗体才下葬，因为当时哥尼斯堡的天气极为寒冷，大地因冰冻而坚硬得没办法挖掘墓穴，仿佛在拒绝接受这位伟大灵魂。同时，由于尸体可以方便地保存，而哥尼斯堡的居民也对这个死去的名人又抱有极高的兴趣，因此没有尽早入土为安的必要。在接下来的两周里，很多哥尼斯堡居民排着长队等着能最后一睹这个曾经承载过伟大灵魂的遗容，都跟过来想看一下哲学家是如何下葬的。虽然哥尼斯堡自1701年后就不再是普鲁士的政治中心，但许多居民仍然认为它是普鲁士乃至全世界的学术中心。康德作为最重要的市民之一，自然被当地人当作"哲学国王"般看待，尽管哥尼斯堡之外的哲学家已开始另辟蹊径。

葬礼当天气候寒冷，但天空亮丽而晴朗。葬礼庄严而隆重，棺木后尾随着蜿蜒的队伍，还为康德演出了为腓特烈二世逝世所谱写的清唱剧，哥尼斯堡所有教堂丧钟齐鸣。

舍弗纳作为康德年纪最大的在世朋友而"感到非常满意"，他在约一个月后写信告诉他的朋友："您无法想象在第一块冰冻的泥土落在棺木上的时候，我全身打寒战，那个声响至今还留在我的脑际和心里……”舍弗纳说，虽然康德在他的哲学里曾论述过自然生命永恒与彼岸世界的希望，但康德对灵魂不朽说半信半疑，不确信个体死后的灵魂永生，因为康德对于宗教祈祷表示不屑，对有组织的宗教仪式更是心中充满愤懑，因他更不相信人格神的存在。他认为，信仰只是“个人的需要”，“上帝”与“不朽”等观念都是一种理论推演的假设。由于康德被公认为是个无信仰者，为此哥尼斯堡的不少清高的基督徒刻意回避了这个葬礼。如，康德最早期的学生之一、普鲁士路德教会的高级神职人员博罗夫斯基。在许多人眼中，他算是康德的朋友，康德晚年还偶尔受邀到他家里吃饭，他也不怀疑康德的道德人格，但他对于康德的哲学及政治、宗教观点却颇有保留。而那些政府官员更是认为康德的葬礼还是不参加为妙，因为他们还想追求更高的职业目标。尽管舍弗纳非常不解，但这确实是出于理智与现实的政治考虑。

葬礼中对康德的赞颂诗，都认为蹩脚。其实，康德最喜欢的诗人及作品或许更适合康德自己。薄柏在《人论》里颂扬典型人物说：

他站在地峡上，处于中间地带，身形高大，智能渺小，对怀疑主义者过于聪明，对斯多葛主义者不够骄傲，他悬在中间，充满怀疑，现在该行动呢，还是该袖手旁观？他是精神，还是肉体？是动物，还是神明？他的思想舛误，生来只为可以死去，知识空空，理性用得太少，甚或已经太多，感觉与精神是发酵中的混沌，他受骗于自己，又是自己的启蒙者，可以升天，也可以堕落，主宰一切，又是一切的猎物，是真理的卫士，却为幻象所欺，是世间的骄傲与笑话，是一个谜！

康德永远离开了这个寒冷的世界，他留给我们的只有饱含在他著作中至今还没有实现的希望……